W0040321

Weltall

Hubble-Weltraumteleskop

Spuren hochenergetischer Teilchen

Venussonde *Magellan*

Jupiter und sein Mond Io

Marsoberfläche

Marsrover Sojourner

Marsvulkan

memo Evolution	memo Computer	memo Raubtiere	memo Fußball	memo Der Zweite Weltkrieg	memo Strand & Meeresküste	memo Islam
50	51	52	53	54	55	56

memo Mond	memo Das moderne China	memo Geld	memo Pyramiden	memo Waffen & Rüstungen	memo Edelsteine & Kristalle	memo Deutschland
57	58	59	60	61	62	63

memo Tiere	memo Fahrzeuge & Transport	memo Urzeit	memo Arktis & Antarktis	memo Der Erste Weltkrieg	memo Reptilien	memo Mittelalter
64	65	66	67	68	69	70

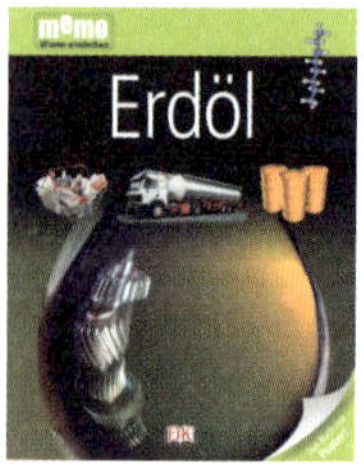

memo Erdöl	memo Religionen	memo Schmetterlinge	memo Mumien	memo Alte Kulturen	memo Naturkatastrophen	memo Astronomie
71	72	73	74	75	76	77

memo Muscheln & Schnecken	memo Die Erde	memo Wale & Robben	memo Mesopotamien	memo Skelette	memo Weltwunder	memo Amphibien
78	79	80	81	82	83	84

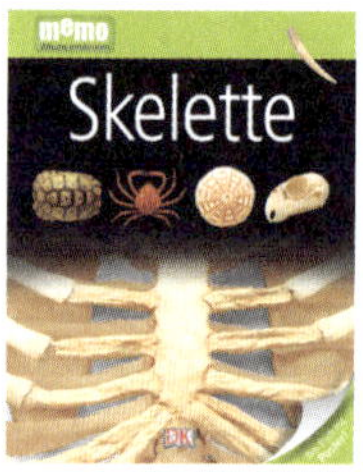

memo Raumfahrt	memo Bäume
85	86

Jupiterbüste

Röntgenteleskop-
Satellit *Chandra*

Weltall

Text von
Robin Kerrod

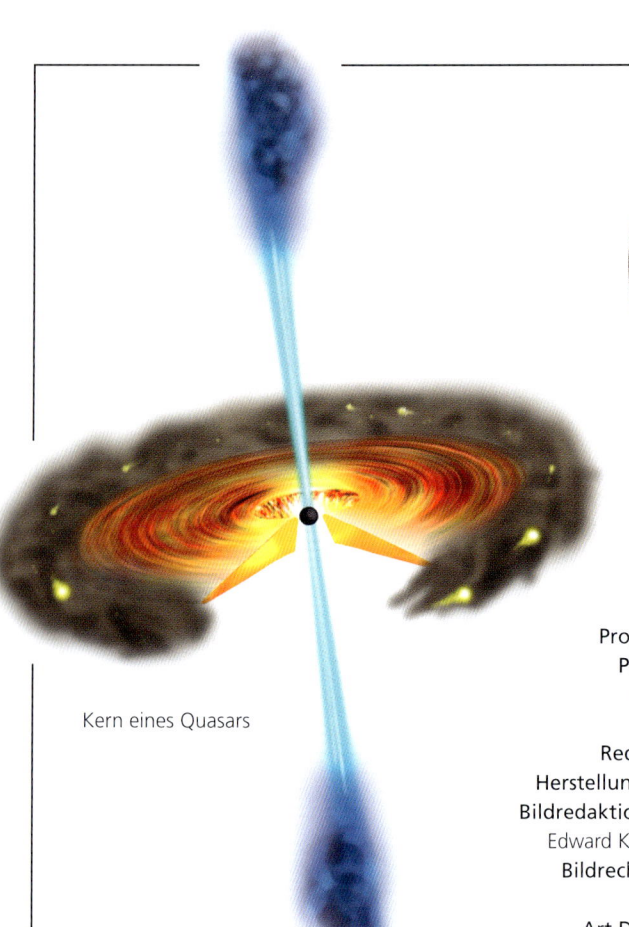

Kern eines Quasars

Mars

Spektroskop

Erde

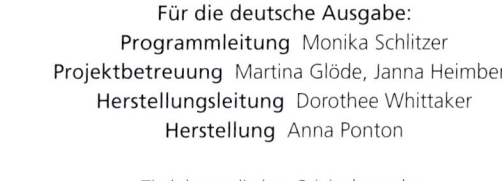

DK | Penguin Random House

Programmleitung Andrew Macintyre
Projektbetreuung Giles Sparrow
Cheflektorat Camilla Hallinan
Lektorat Kitty Blount
Redaktion Jayne Miller, Steve Setford
Herstellung Erica Rosen, Laragh Kedwell, Pip Tinsley
Bildredaktion Tim Brown, Martin Wilson, Jane Thomas,
Edward Kinsey, Peter Radcliffe, Owen Peyton Jones
Bildrecherche Sean Hunter, Myriam Megharbi
DTP-Design Siu Yin Ho
Art Director Simon Webb, Martin Wilson
Fachliche Beratung Carole Stott
Umschlaggestaltung Smiljka Surla

Für die deutsche Ausgabe:
Programmleitung Monika Schlitzer
Projektbetreuung Martina Glöde, Janna Heimberg
Herstellungsleitung Dorothee Whittaker
Herstellung Anna Ponton

Titel der englischen Originalausgabe:
Eyewitness Universe

© Dorling Kindersley Limited, London, 2003, 2009
Ein Unternehmen der Penguin Random House Group
Alle Rechte vorbehalten

© der deutschsprachigen Ausgabe by
Dorling Kindersley Verlag GmbH, München, 2011
Alle deutschsprachigen Rechte vorbehalten
5. Auflage, 2015

Übersetzung Margot Wilhelmi, Martin Kliche,
Gerd Hintermaier-Erhard (S. 64–71, Poster)
Lektorat Annett Stütze
Satz Roman Bold & Black

ISBN 978-3-8310-1912-0

Colour reproduction by Colourscan, Singapore
Printed and bound in China

Besuchen Sie uns im Internet
www.dorlingkindersley.de

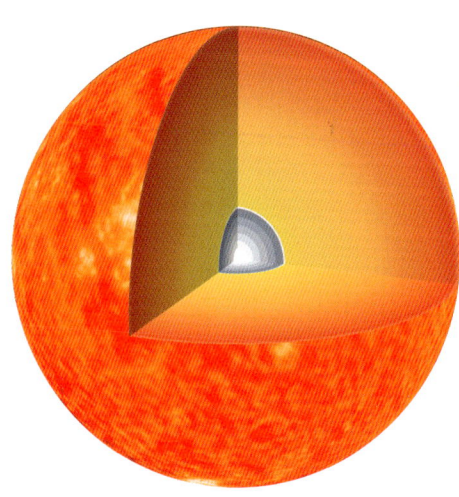

VLA-Radioteleskop

Blick in einen Roten
Überriesen

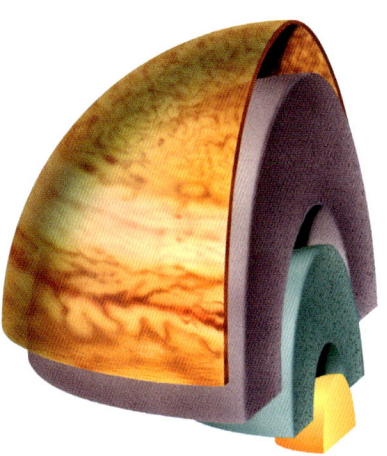

Aufbau des Planeten Jupiter

Sonnenaufgang über Stonehenge

Inhalt

Was ist das Universum?

Das Universum umfasst alles, was existiert – heute, in der Vergangenheit und in der Zukunft. Man nennt es auch Kosmos oder Weltall und meint damit die unfassbare Weite des Weltraums mit seinen unzähligen Galaxien, durchdrungen von Licht und anderer Strahlung. Schauen wir zum Nachthimmel, tun sich vor uns die Tiefen des Universums auf. Zwar sind die Sterne, die wir sehen, Billionen Lichtjahre entfernt, doch sind sie unsere nächsten Nachbarn, denn das Universum ist unermesslich groß. Schon immer fasziniert der Sternenhimmel die Menschen, seit mindestens 5000 Jahren betreiben Menschen Himmelsforschung. Die Astronomie ist vermutlich die älteste Naturwissenschaft und hat sich im Lauf ihrer langen Geschichte gewaltig verändert.

RAUMSCHIFF ERDE
Als die *Apollo-8*-Astronauten 1968 zum Mond flogen, sahen sie als erste Menschen unseren Planeten vollständig. Frühere Astronauten waren zu nahe an der Erde geblieben, um sie ganz in den Blick zu bekommen – diese schöne, wolkengefleckte, azurblaue Welt, den einzigen uns bekannten Ort im Weltall, wo es Leben gibt. Für uns ist dieser Planet das Zentrum des Daseins und doch ist er nur ein winziger Punkt im Universum.

„Die Geschichte der Astronomie ist die Geschichte von den sich weitenden Horizonten."

Edwin Hubble
Entdecker von Galaxien außerhalb der Milchstraße

ALTE STERNWARTEN
Die alten Briten kannten die regelmäßigen Bewegungen der Sonne, des Mondes und der Sterne. Ungefähr um 2600 v. Chr. vollendeten sie Stonehenge. Die berühmte Anlage aus kreisförmig aufgestellten Megalithen markiert das Ende einer Epoche monumentaler Bauwerke, die wohl religiöse Bedeutung hatten, aber auch als steinzeitliche Sternwarten gelten. Die mit 7000 Jahren älteste Anlage dieser Art wird bei Goseck in Sachsen-Anhalt rekonstruiert.

ASTROLOGIE
Astrologische Tafel aus Babylon

Die Priester im alten Babylon suchten am Himmel nach guten und bösen Zeichen, die ihrer Meinung nach das Schicksal der Menschen bestimmten. Die Vorstellung, dass Vorgänge am Himmel das Leben der Menschen beeinflussen könnten, bildete die Grundlage für die Astrologie, die bis heute viele Anhänger hat.

Die Sonne dreht sich um die Erde.

Die Erde ist der Mittelpunkt des Universums im ptolemäischen Weltbild.

DAS WELTBILD DES PTOLEMÄUS
Der letzte große Astronom des Altertums, der Grieche Ptolemaios (lat. Ptolemäus), fasste um 150 n. Chr. das Weltbild des klassischen Altertums zusammen: Im ptolemäischen Weltbild steht die Erde im Mittelpunkt, Sonne, Mond und die anderen Planeten drehen sich auf festen Bahnen um sie.

BEWEGTE WELT

1543 revolutionierte der polnische Astronom Nikolaus Kopernikus die Astronomie mit seiner Vorstellung von einem Universum, in dessen Zentrum die Sonne steht. Die Erde und die anderen Planeten bewegen sich auf Kreisbahnen um die Sonne. Doch schien seine Erkenntnis zunächst nicht mit den beobachteten Planetenbewegungen über-einzustimmen. Erst Johannes Kepler entdeckte den Grund: Die Planetenbahnen sind nicht kreis-förmig, sondern elliptisch (1. Keplersches Gesetz).

Johannes Kepler
(1571–1630)

Neptun   Saturn   Erde   Sonne   Mars   Jupiter   Uranus

Mechanisches Modell des Sonnensystems

Aufzieh-mechanismus

HIMMLISCHES UHRWERK

Die Keplerschen Gesetze erklären, wie sich die Planeten bewegen. Kepler schrieb, man müsse die „Maschinerie des Himmels" wie ein Uhrwerk auffassen, und er kam auch der Ursache für die Bahnbewegungen sehr nahe. Er vermutete, die Sonne müsse eine magnetische Kraft auf die Planeten ausüben. Isaak Newton lieferte 1687 schließlich die Erklärung für die Planetenbewegung: Schwerkraft, nicht Magnetismus, bestimmt die Bahnen der Planeten.

STERNE UND GALAXIEN

Die alten Astronomen hielten die Sterne für Punkte an einer die Erde überspannenden Himmelssphäre. Im 18. Jh. entdeckte man allmählich, wie unsere Galaxis wirklich aussieht: Wilhelm Herschel zeichnete die Verteilung der Sterne auf und erkannte dabei, dass unsere Galaxis linsenförmig ist (genau genommen handelt es sich um eine Balkenspiralgalaxie). Die Existenz von Galaxien außerhalb unserer eigenen konnte erst 1923 bewiesen werden, als Edwin Hubble fest-stellte, dass der Andromedanebel weit außerhalb unseres Sternensystems liegt.

Andromeda ist eine Spiral-galaxie wie unsere eigene.

Sterne in unserer Galaxis

Die Andromeda-Galaxie, auch „M31" genannt

ALLES IST RELATIV

Zu Beginn des 20. Jh. entwickelte ein junger deutscher Physiker namens Albert Einstein eine völlig neue Vorstellung vom Universum. Er formulierte 1905 die spezielle und zehn Jahre später die allgemeine Relativitätstheorie. Zentrale Aussagen dieser Theorien sind, dass sich nichts schneller bewegen kann als Licht und dass Energie und Masse gleichwertig sind und ineinander umgewandelt werden können. Weiterhin sind der dreidimensionale Raum und die Zeit keine unabhängigen Größen, sondern gehören zusammen.

Galaxien, deren Licht bis zu 10 Mrd. Jahre gebraucht hat, um uns zu erreichen

Wo ist unser Platz im Universum?

Für uns gibt es keinen wichtigeren Ort im Weltall als unseren Planeten. Vor gar nicht allzu langer Zeit dachten die Menschen, er sei das Zentrum des Universums. Doch nichts entspricht weniger den Tatsachen. Denn betrachtet man das Universum als Ganzes, ist die Erde nichts Besonderes. Sie ist ein unbedeutender kleiner Planet, der um einen ganz normalen Stern in einer ganz normalen Galaxie in einem winzigen Winkel des Weltalls kreist. Wie groß das Weltall genau ist, weiß niemand. Doch die Astronomen entdecken jetzt Objekte, die so weit entfernt sind, dass ihr Licht mehr als 13 Milliarden Jahre gebraucht hat, um uns zu erreichen. Das bedeutet, dass sie 123 Sextillionen Kilometer weit entfernt sind.

Mittelalter-
liche Weltkarte

WINZIGER KOSMOS

Im Mittelalter, vor den großen Entdeckungsreisen des 15. Jh., glaubten viele Menschen, die Erde sei flach wie eine Scheibe und wenn man zu weit führe, würde man über den Rand stürzen.

AUSMASSE DES UNIVERSUMS

In dieser Bilderfolge, die vom Menschen bis zur Weite des intergalaktischen Raums reicht, wird unsere Bedeutungslosigkeit im Universum deutlich. Um sich die Ausmaße des Universums zu verdeutlichen, kann man ausrechnen, wie lange es dauern würde, mit Lichtgeschwindigkeit (300 000 km/s) von einem Ort zum anderen zu gelangen. Astronomen benutzen die Maßeinheit „Lichtjahr" (9,5 Bio. km, abgekürzt Lj) als Maßstab für kosmische Entfernungen.

Aus einigen Tausend Kilometern Entfernung heben sich die Landmassen der Erde vom Blau der Ozeane ab.

Die Oortsche Wolke aus eisigen, kometenartigen Himmelskörpern umgibt das ganze Sonnensystem. Es würde über einein-halb Jahre dauern, mit Lichtgeschwindigkeit dorthin zu gelangen.

Marathonläufer überqueren eine Brücke.

Ein erdumkreisender Satellit fotografiert aus knapp 1000 km Höhe eine Stadt.

UNSERE SICHT DES UNIVERSUMS

Wir blicken aus einer Sternenschicht, die unsere Galaxiescheibe bildet, auf das Universum. Die größte Sternendichte sehen wir, wenn wir entlang der Scheiben-ebene blicken – in dieser Richtung erstreckt sich unsere Galaxis über Zehntausende von Lichtjahren. Am Nachthimmel sehen wir dieses dichte Band als Milchstraße. Zu beiden Seiten des dichten Bands blickt man auch durch ihre Scheibe, aber dieses Mal senkrecht zu ihrer Ebene und man sieht weniger Sterne. Durch die Kombination von Satellitenbildern, die auch Infrarotstrahlen aufnehmen, können wir ein Bild erstellen, wie wir unsere Galaxis sehen (links).

In unserem Sonnensystem ist die Erde der dritte Planet von der Sonne aus gesehen. Das Licht der Sonne braucht über 8 Minuten bis zur Erde.

Während es mit Lichtgeschwindigkeit nur wenige Hunderttausend Jahre dauern würde, unsere Nachbargalaxien zu erreichen, wären wir zu den meisten anderen Galaxien Millionen von Jahren unterwegs. Für weiter entfernte bräuchten wir sogar Milliarden von Jahren.

Zum nächsten Stern müsste man über vier Jahre mit Lichtgeschwindigkeit reisen. Von einem Ende der Galaxie zum anderen bräuchte man 100 000 Jahre.

Venus

Erde

Jupiter

Saturn

Uranus

Neptun

FAMILIENPORTRÄT

Seit Beginn des Zeitalters der Weltraumfahrt ist unser Wissen über unsere Nachbarplaneten gewaltig gewachsen. Auf einer bemerkenswerten 12-jährigen Entdeckungsreise haben die *Voyager*-Sonden die vier großen Planeten besucht – Jupiter, Saturn, Uranus und Neptun. 1990 fotografierte *Voyager 1*, als sie das Sonnensystem verließ, sechs der Planeten. Sie erscheinen als kleine Flecken in der Weite des Weltraums.

NUR EIN STÜCK

Durch die lichtstärksten Teleskope können Astronomen in jeder Richtung, in die sie blicken, Galaxien sehen. Das Bild oben zeigt etwa 2 Mio. Galaxien in einem Ausschnitt des Universums. Genaue Untersuchungen haben ergeben, dass die Galaxien in Haufen (Cluster) und Superhaufen angeordnet sind. Die kosmische Gesamtstruktur erinnert an Seifenblasen. Außen liegen die Galaxien, im Inneren ist der Raum fast leer.

So funktioniert das All

Das Universum besteht aus Inseln von Materie im weiten Ozean des leeren Raums. Die Energie rast in Form von Licht und anderer Strahlung durchs All. Grundlegende Kräfte (die fundamentalen Kräfte) und Gesetzmäßigkeiten bestimmen Beschaffenheit und Verhalten der Materie. Die stärkste der vier fundamentalen Kräfte hält die Teilchen im Atomkern zusammen. Auch die schwache und die elektromagnetische Kraft wirken im Atom. Elektromagnetismus bindet die Elektronen an den Kern und führt zu den Erscheinungen Elektrizität und Magnetismus. Die schwächste Kraft ist die Schwerkraft, doch wirkt sie über die größten Entfernungen und hält das Universum zusammen.

Wassertröpfchen

Wassermoleküle bestehen aus einem Sauerstoff- und zwei Wasserstoffatomen.

Protonen besitzen eine positive elektrische Ladung.

Die Elektronen in einem Atom kreisen um einen winzigen Kern.

Elektronen sind negativ geladen.

Neutronen sind nicht geladen.

Atomkern

ATOME
Atome, die Bausteine der Materie, sind nicht unteilbar, wie Demokrit und Dalton dachten. Sie bestehen aus noch kleineren Elementarteilchen. Die drei wichtigsten sind Protonen, Neutronen und Elektronen. Protonen und Neutronen finden sich im Kern des Atoms, die Elektronen kreisen um diesen Kern.

ELEMENTE UND ATOME
Der griechische Philosoph Empedokles (um 490–430 v. Chr.) glaubte, Materie bestehe aus den vier Elementen Feuer, Wasser, Luft und Erde. Demokrit (um 460–370 v. Chr.) dagegen dachte, Materie setze sich aus kleinsten, unsichtbaren Teilchen, den Atomen, zusammen. Seine Vorstellung geriet in Vergessenheit, bis der englische Chemiker John Dalton (1766–1844) 1808 die moderne Atomtheorie begründete. Materie besteht aus unterschiedlichen chemischen Elementen. Jedes dieser Elemente hat einen einzigartigen Atombau.

Empedokles

Protonen und Neutronen bestehen aus noch kleineren Teilchen, den Quarks.

Radio- oder Funkwellen (Wellenlänge 1 mm oder mehr)

Wellenberg

Wellental

Wellental

Wellenlänge

WELLENFAMILIE
Energie durchzieht als elektromagnetische Strahlung das All. Die Strahlung hat die Form von Wellen, bei denen Ausbreitungs- und Schwingungsrichtung senkrecht zueinander stehen. Die verschiedenen Arten von Strahlung unterscheiden sich in der Wellenlänge, dem Abstand zwischen einem Wellental oder Wellenberg und dem nächsten. Das für unsere Augen sichtbare Licht hat Wellenlängen zwischen 390 und 700 Nanometern (nm), die wir als Farben von Violett bis Rot sehen (1 nm = ein Milliardstel Meter). Es gibt unsichtbare Strahlung mit kürzeren oder längeren Wellenlängen. Gammastrahlen haben Wellenlängen von Bruchteilen eines Nanometers, Radiowellen dagegen können kilometerlang sein.

Teilchenspuren, erfasst im Europäischen Forschungsinstitut CERN bei Genf

Pole mit gleicher Ladung stoßen sich ab.

Durch Eisenspäne werden die unsichtbaren magnetischen Feldlinien sichtbar.

ATOMUNTERSUCHUNG
Mit Teilchenbeschleunigern untersuchen Physiker den Aufbau von Atomen. Diese Maschinen beschleunigen Strahlen geladener Teilchen und lassen sie auf Atome oder andere Elementarteilchen prallen. Durch die Macht des Aufpralls werden die Teilchen gestreut und können mit Teilchendetektoren gemessen werden. So werden z. B. in Blasenkammern ihre Spuren als Dampfblasen sichtbar.

MAGNETISMUS
Magnetismus ist jene Kraft, die dazu führt, dass Magnete Eisenspäne anziehen. Auch die Erde ist magnetisch. Wenn man einen Magneten frei aufhängt, richtet er sich aufgrund des Magnetfelds der Erde in Nord-Süd-Richtung aus. Der Magnetismus der Erde reicht bis weit ins Weltall und schafft eine blasenartige Zone, die Magnetosphäre. Andere Planeten haben z. T. noch stärkere Magnetfelder, ebenso die Sonne und die Sterne.

SCHWERKRAFT

Isaac Newton (1642–1727) formulierte das Gesetz der universellen Schwerkraft: Jeder Körper zieht einen anderen aufgrund seiner Masse an. Dabei gilt: Je größer die Masse ist, desto größer ist auch die wirkende Anziehungskraft. Der Saturn mit fast 100-facher Erdmasse besitzt folglich eine gewaltige Schwerkraft. Sie lässt Materieteilchen in Ringen um den Äquator kreisen und hält mindestens 60 Monde in der Umlaufbahn. Der Saturn wiederum wird, wie alle Planeten, von der Sonne angezogen, denn die Schwerkraft der Sonne reicht Billionen Kilometer weit.

Saturn mit seinen Ringen und drei seiner Monde, fotografiert vom Hubble-Weltraumteleskop

„Das Unverständlichste am Universum ist im Grunde, dass wir es verstehen können."

Albert Einstein

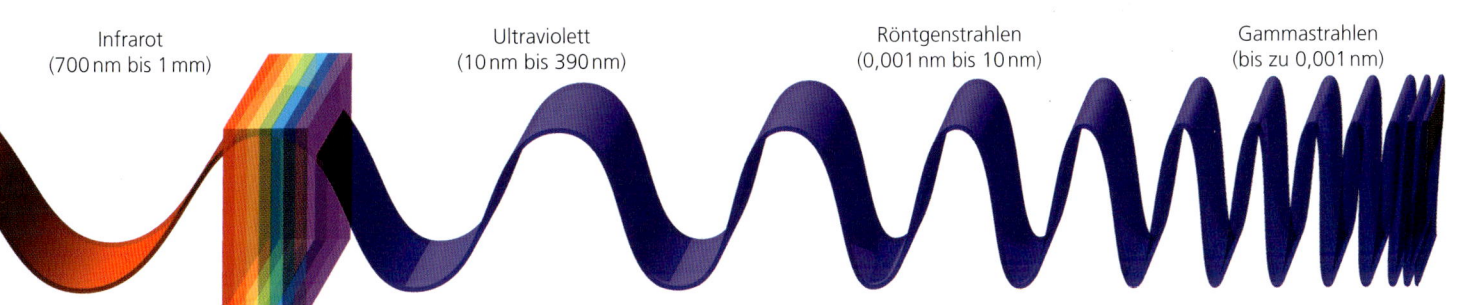

Infrarot
(700 nm bis 1 mm)

Ultraviolett
(10 nm bis 390 nm)

Röntgenstrahlen
(0,001 nm bis 10 nm)

Gammastrahlen
(bis zu 0,001 nm)

Sichtbares Licht
(390 nm bis 700 nm)

Das europäische
Infrarotobservatorium ISO

Blick vom ISO auf die Sternentstehungs-
region von Rho Ophiuchi

DAS VERBORGENE UNIVERSUM

Mit unseren Augen sehen wir das Universum nur, wie es im sichtbaren Licht erscheint. Doch das Universum sendet auch für uns unsichtbare Strahlung aus – von Gamma- bis Radiowellen. Radiowellen kann man vom Boden aus mit Radioteleskopen orten. Andere unsichtbare Strahlung lässt sich nur vom Weltall aus mithilfe von Satelliten beobachten. Würden unsere Augen auch andere Wellenlängen wahrnehmen, sähe das Universum ganz anders aus.

ENERGIE UND LICHT

Erhitzt man einen Eisenstab, ändert sich seine Farbe von Grau über Mattrot bis zu Glutrot und Gelbweiß. Mit steigender Temperatur sendet das Eisen kürzere Wellenlängen (Farben) des Lichts aus. Genauso ist es im Weltall – die kältesten roten Sterne sind kälter als 3000 °C, die heißesten blauweißen Sterne erreichen die 10-fache Temperatur. Hochenergetische Objekte sind noch heißer und strahlen im Ultraviolett- oder Röntgenbereich.

Wie alles begann …

Wir haben heute eine recht gute Vorstellung vom Aussehen und von den Gesetzmäßigkeiten des Universums. Doch wie ist es entstanden? Wie alt ist es? Wie hat es sich entwickelt und wie wird es sich weiterentwickeln? Der Wissenschaftszweig, der sich mit diesen Fragen beschäftigt, ist die Kosmologie. Die Kosmologen glauben zu wissen, wann und wie das Universum entstanden ist und wie es sich entwickelt hat, doch sie sind sich nicht sicher, wie es enden wird (S. 14). Das Universum soll durch eine Explosion entstanden sein, den sogenannten Big Bang oder Urknall, vor etwa 13,75 Milliarden Jahren. Seit diesem Ereignis dehnt sich das Universum aus. Die Kosmologen können die Geschichte des Universums zurückverfolgen bis zu der Zeit, als es nur winzige Bruchteile von Sekunden (10^{-43} s) alt war und die bekannten physikalischen Gesetze und fundamentalen Kräfte zu wirken begannen.

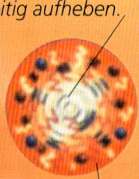

WAS WAR VORHER?
Vor dem Urknall existierte nichts – keine Materie, kein Raum, keine Strahlung und keine Zeit. Mit dem Urknall startete die Zeit im Universum, so wie mit der Geburt ein Mensch sein unabhängiges Leben beginnt. Doch während ein Mensch von Eltern gezeugt wurde, entstand sämtliches Material des Universums erst mit dem Urknall.

DIE EVOLUTION DES UNIVERSUMS
Die gewaltigsten Veränderungen fanden in den ersten drei Minuten nach dem Urknall statt. In dieser Zeit kühlte sich das Universum von vielen Milliarden °C auf etwa 1 Mrd. °C ab. Durch diese starke Abkühlung wurde Energie in Materie umgewandelt, es entstanden subatomare Teilchen wie Elektronen sowie Wasserstoff- und Heliumkerne. Doch es dauerte noch weitere 300 000 Jahre, ehe sich diese Teilchen zu Wasserstoff- oder Heliumatomen verbanden, die später die Keime der ersten Galaxien bildeten.

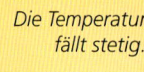

ABBÉ GEORGES LEMAÎTRE
Um 1930 vermutete der belgische Priester und Kosmologe Georges Lemaître (1894–1966), das Universum sei in einem einzigen Augenblick durch die Explosion eines „Uratoms" entstanden. Materie wurde in den Weltraum verstreut und kondensierte schließlich zu Sternen und Galaxien. Damit begründete er die Urknalltheorie.

Durch den Big Bang entsteht das Universum, das unendlich klein, unendlich heiß und voller Energie ist.

Durch die Energie des Urknalls entstehen Materie- und Antimaterieteilchen, die sich gegenseitig aufheben.

Als das Universum abkühlt, werden Teilchenverbindungen stabil.

Durch Inflation bläht sich das Universum in Sekundenbruchteilen nach seiner Entstehung zu gewaltiger Größe auf.

Im sich weiter abkühlenden Universum bilden Quarks die Hauptmaterieteilchen.

Quarks stoßen zusammen und bilden Protonen und Neutronen, die Teilchen im Atomkern.

Es bilden sich leichte Elektronen und Positronen.

Das Universum dehnt sich seit dem Urknall aus.

Zunächst ist die Materie noch zu dicht, als dass das Licht sich ungehindert ausbreiten könnte.

Wie in einem Nebel prallen die Lichtwellen von Teilchen ab, ehe sie sich weiter ausbreiten können.

Die Temperatur fällt auf 3000 °C und Elektronen werden in die Atome gesaugt.

Die meisten Elektronen und Positronen stoßen zusammen und heben sich auf.

Die Temperatur fällt stetig.

DURCHSICHTIG WERDEN
Bis das Universum etwa 300 000 Jahre alt war, war es voller Teilchen und trübe. Dann verbanden sich die Elektronen mit Atomkernen zu den ersten Atomen. Das nennt man Rekombination. Der Teilchennebel lichtete sich plötzlich und die Strahlung konnte weite Strecken zurücklegen. Das Universum wurde durchsichtig.

Photonen wandern nun frei im weitgehend leeren Raum.

Die Materie verdichtet sich zu Galaxien und Sternhaufen.

Photonen aus der Zeit der Rekombination sind die ältesten, die wir entdecken könnten.

Penzias und Wilson mit
ihrer Hornantenne

Die blauen
Bereiche sind
kälter und
dichter.

Die roten
Bereiche sind
wärmer und leerer.

WELLEN IM KOSMOS
Damit Galaxien, wie wir sie heute sehen, entstehen können, muss
sich schon in frühester Zeit Materie an manchen Stellen des Universums
zusammengeballt haben. Der Satellit COBE (Cosmic Background Explorer)
erforschte 1989–1993 die kosmische Hintergrundstrahlung und erstellte
die erste genaue Karte der Reststrahlung des Urknalls (oben).

ECHOS DES URKNALLS
Wenn der Urknall tatsächlich stattgefunden hat, müsste
nach Berechnungen der Physiker die Temperatur des
gesamten Universums bis heute auf etwa 3 °C über dem
absoluten Nullpunkt (–273 °C) gefallen sein. 1965 emp-
fingen die US-amerikanischen Physiker Arno Penzias und
Robert Wilson schwache Radiosignale von überallher im All.
Sie entsprachen einer kosmischen Hintergrundtemperatur
von etwa –270 °C, was die Urknalltheorie belegte.

MODERNE FORSCHUNG
Das amerikanisch-europäische
Projekt BOOMERANG unter-
sucht mit Mikrowellendetekto-
ren an Ballons die Stratosphäre
um die Antarktis. Die Ballons
wurden 1998 und nochmals
2003 vom Wind um den Südpol
getrieben. Mithilfe ihrer Detek-
toren, die auf den Bruchteil
eines Grads oberhalb des absoluten Nullpunkts gekühlt waren,
kartierte BOOMERANG die Hintergrundstrahlung sehr genau.

Eine relativ
kleine Zahl
von Elektro-
nen bleibt
übrig.

Protonen und Neutro-
nen verbinden sich zu
Atomkernen.

Die Elektronen
sind immer
noch unge-
bunden.

Elektronen
verbinden sich
mit den Kernen
zu Atomen.

Das Universum, wie
es heute ist – voller
Galaxien, Sterne und
Planeten –, dehnt sich
immer noch aus.

Das Universum ist noch
trübe. Der Druck der
Strahlung verhindert
das Zusammenklumpen
der meisten Materie.

Das Universum
wird durchsichtig.

Die Materie beginnt
sich zu verdichten.

Die Zukunft des Universums

Durch den Urknall entstand das Universum und seither hat es sich ständig weiter ausgedehnt. Doch was wird in der Zukunft geschehen? Was ist das endgültige Schicksal des Kosmos? Wird er ewig bestehen? Oder wird das Universum eines Tages aufhören sich auszudehnen und sogar anfangen wieder zu schrumpfen? Vielleicht wird es auch auseinandergerissen oder es schrumpft und wird in einem umgekehrten Urknall zusammengepresst. Sein Schicksal hängt von den Dichten der Materie und der Energie sowie den Auswirkungen der Dunklen Energie ab. Diese unbekannte, der Schwerkraft entgegengesetzt wirkende Kraft stellt 73 % des Universums dar, während die atomare Materie der Sterne und Galaxien nur 4 % bildet.

EINSTEINS FEHLER?

Als Albert Einstein (1879–1955) 1917 das Universum mathematisch zu beschreiben begann, baute er eine „kosmologische Konstante" ein – eine äußere Kraft, die verhindert, dass das Universum in sich zusammenfällt. Doch stellte sich heraus, dass der Kosmos sich ausdehnt! Erst in jüngster Zeit wurde die Konstante als „Dunkle Energie" wiederbelebt.

DAS UNIVERSUM WIRD GRÖSSER

Von der Erde aus scheinen andere Galaxien schnell in alle Richtungen zu entschwinden. Sie entfernen sich aber nicht nur von uns, sondern auch voneinander. Man kann sich das Universum als Luftballon vorstellen, auf dessen Oberfläche die Galaxien liegen. Mit jedem Lufteinpusten dehnt sich das Universum aus und die Galaxien rücken weiter auseinander.

Im frühen Universum lagen die Galaxien dichter beisammen.

Der Urknall – Beginn der Ausdehnung des Universums

Der Abstand zwischen den Galaxien wird größer.

Das Universum heute

Das Universum vor ein paar Milliarden Jahren

DAS SICH AUSDEHNENDE UNIVERSUM

1917 stellte der US-Astronom Vesto Slipher fest, dass sich die meisten beobachteten Galaxien von uns entfernen (unten). Das Universum schien sich auszudehnen. Mit dem *Hooker*-Teleskop (oben) im Mount-Wilson-Observatorium entdeckte Edwin Hubble, dass die Ausdehnungsrate von der Entfernung abhängt: Je weiter eine Galaxie weg ist, desto schneller entfernt sie sich.

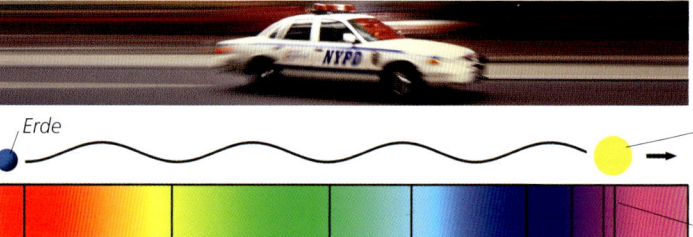

Erde

Sich von der Erde entfernender Stern

Die von Elementen im Stern gebildeten Spektrallinien verschieben sich zum Roten hin.

ROTVERSCHIEBUNGEN

Fährt ein Auto mit Martinshorn an uns vorbei, wird der Ton tiefer, weil die Schallwellen des sich entfernenden Fahrzeugs länger als die eines sich nähernden sind. Ähnlich ist es bei Lichtwellen: Beobachtet man eine sich entfernende Lichtquelle, sieht man die Lichtwellen mit geringerer Frequenz, also zum roten Ende des Spektrums verschoben. Diese Änderung lässt sich mithilfe der Spektralanalyse messen.

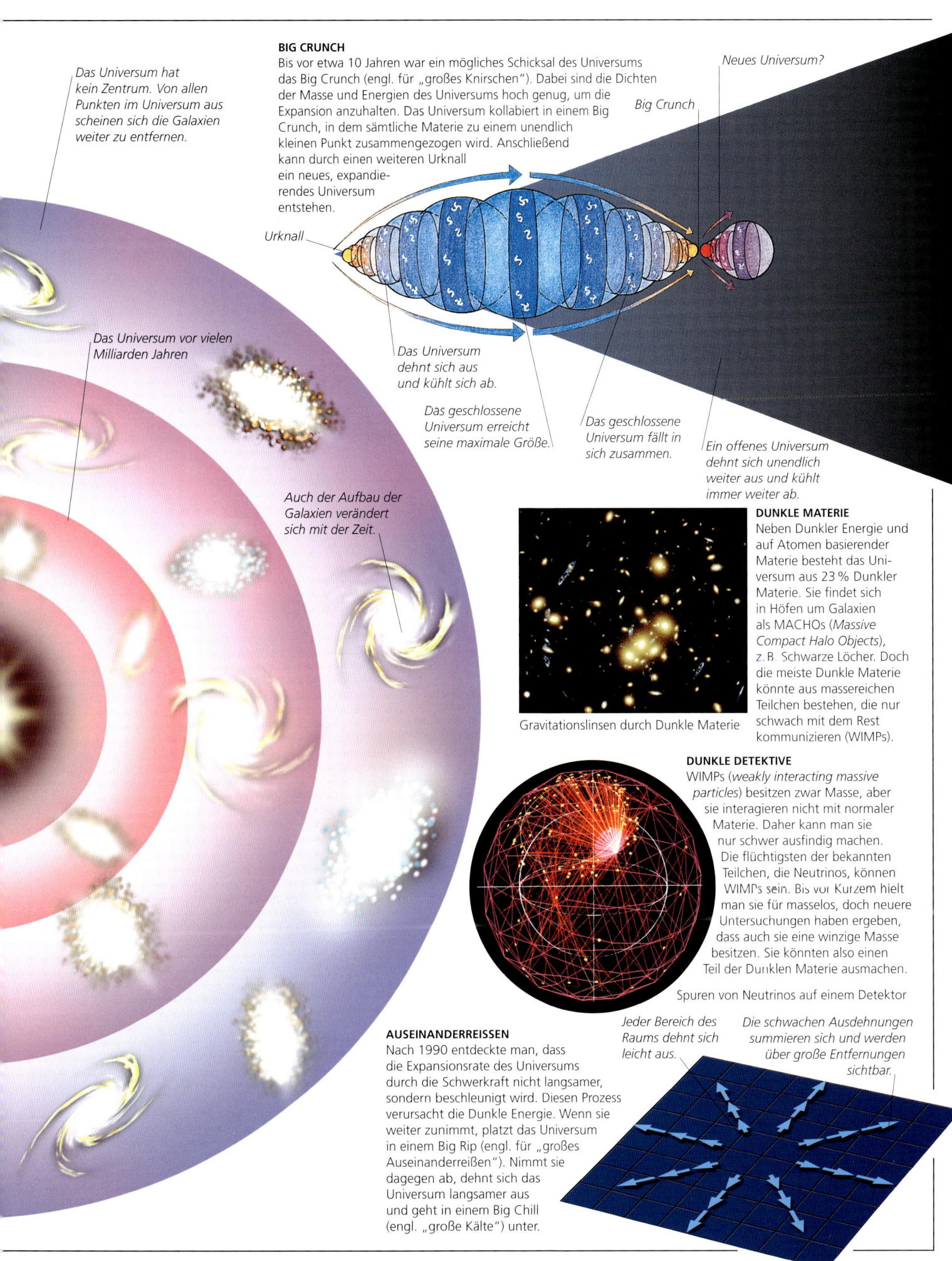

Das Universum hat kein Zentrum. Von allen Punkten im Universum aus scheinen sich die Galaxien weiter zu entfernen.

Das Universum vor vielen Milliarden Jahren

Auch der Aufbau der Galaxien verändert sich mit der Zeit.

BIG CRUNCH
Bis vor etwa 10 Jahren war ein mögliches Schicksal des Universums das Big Crunch (engl. für „großes Knirschen"). Dabei sind die Dichten der Masse und Energien des Universums hoch genug, um die Expansion anzuhalten. Das Universum kollabiert in einem Big Crunch, in dem sämtliche Materie zu einem unendlich kleinen Punkt zusammengezogen wird. Anschließend kann durch einen weiteren Urknall ein neues, expandierendes Universum entstehen.

Neues Universum?

Big Crunch

Urknall

Das Universum dehnt sich aus und kühlt sich ab.

Das geschlossene Universum erreicht seine maximale Größe.

Das geschlossene Universum fällt in sich zusammen.

Ein offenes Universum dehnt sich unendlich weiter aus und kühlt immer weiter ab.

DUNKLE MATERIE
Neben Dunkler Energie und auf Atomen basierender Materie besteht das Universum aus 23 % Dunkler Materie. Sie findet sich in Höfen um Galaxien als MACHOs (*Massive Compact Halo Objects*), z. B. Schwarze Löcher. Doch die meiste Dunkle Materie könnte aus massereichen Teilchen bestehen, die nur schwach mit dem Rest kommunizieren (WIMPs).

Gravitationslinsen durch Dunkle Materie

DUNKLE DETEKTIVE
WIMPs (*weakly interacting massive particles*) besitzen zwar Masse, aber sie interagieren nicht mit normaler Materie. Daher kann man sie nur schwer ausfindig machen. Die flüchtigsten der bekannten Teilchen, die Neutrinos, können WIMPs sein. Bis vor Kurzem hielt man sie für masselos, doch neuere Untersuchungen haben ergeben, dass auch sie eine winzige Masse besitzen. Sie könnten also einen Teil der Dunklen Materie ausmachen.

Spuren von Neutrinos auf einem Detektor

AUSEINANDERREISSEN
Nach 1990 entdeckte man, dass die Expansionsrate des Universums durch die Schwerkraft nicht langsamer, sondern beschleunigt wird. Diesen Prozess verursacht die Dunkle Energie. Wenn sie weiter zunimmt, platzt das Universum in einem Big Rip (engl. für „großes Auseinanderreißen"). Nimmt sie dagegen ab, dehnt sich das Universum langsamer aus und geht in einem Big Chill (engl. „große Kälte") unter.

Jeder Bereich des Raums dehnt sich leicht aus.

Die schwachen Ausdehnungen summieren sich und werden über große Entfernungen sichtbar.

Weltraumforschung

Seit über fünf Jahrtausenden betrachten Astronomen den Himmel, erforschen Sterne und Sternbilder, verfolgen die Phasen des Monds und die Wanderung der Planeten durch die Tierkreiszeichen, das Kommen und Gehen von Kometen, Sonnen- und Mondfinsternisse. Als Galileo 1609 erstmals ein Teleskop auf den Himmel richtete, war dies ein gewaltiger Fortschritt. Seither konnte man mit immer größeren Teleskopen immer mehr Geheimnisse eines Universums entdecken, das größer ist, als man es sich vorstellen kann. Heute gibt es bereits Teleskope, mit denen man die unsichtbare Strahlung von Sternen und Galaxien erkennen kann. Von der Erde aus werden Radiowellen untersucht, andere Strahlungsformen aber müssen vom Weltraum aus erforscht werden, weil sie die Erdatmosphäre nicht durchdringen.

BLICK DURCH LINSEN
Einige der Linsenteleskope (Refraktoren) der alten Astronomen waren riesig groß. Um eine möglichst hohe Vergrößerung zu erzielen, verwendete man eine kleine Öffnung und eine große Brennweite. Das gewaltige „Luftfernrohr" (oben) von Christiaan Huygens (1629–1695) war 64 m lang.

Okular

Einfallendes Licht

Durch die Öffnung fällt Licht auf den Hauptspiegel.

Das Magnetometer misst das Magnetfeld der Erde.

Die Lichtstrahlen werden nach innen reflektiert.

Hauptspiegel

Fangspiegel reflektiert Licht zum Okular.

NEWTON-REFLEKTOR *rechts*
Die meisten astronomischen Fernrohre bündeln das einfallende Licht mithilfe von Spiegeln. Manche gleichen noch heute dem Original von Isaac Newton von 1671. Ein großer Parabolspiegel (Hauptspiegel) bündelt das Licht und wirft es durch das Rohr (Tubus) zurück auf einen Planspiegel (Fangspiegel). Dieser reflektiert das Licht in ein Okular im vorderen Bereich des Tubus. Statt eines Okulars verfügen viele professionelle Teleskope heute über eine Kamera oder andere Instrumente.

Die Montierung erlaubt die genaue Ausrichtung des Teleskops. Dies ist eine Dobson-Montierung.

DAS HUBBLE-WELTRAUM-TELESKOP
Das *Hubble Space Telescope* (*HST*) ist ein Spiegelteleskop (Reflektor) mit einem 2,4-m-Spiegel. Es umkreist die Erde in etwa 610 km Höhe. Die Bildqualität des Weltraumteleskops war anfangs durch einen Herstellungsfehler eingeschränkt, doch seit dieser 1993 erfolgreich korrigiert wurde, sendet das *HST* fantastische Bilder. Da es sich jenseits der Atmosphäre befindet, hat das *HST* eine völlig klare Sicht auf das Universum. Es „sieht" nicht nur im Bereich des sichtbaren Lichts, sondern auch infrarot und ultraviolett.

Die Solarsegel liefern 3000 Watt Energie.

Kuppeln der Keck-Teleskope auf dem Mauna Kea (Hawaii)

Der Komet Wild 2

VOR ORT
Seit 1959 werden Raumsonden zum Mond, zu Planeten und anderen Himmelskörpern geschickt. Manche sammeln Daten im Vorbeiflug, andere fliegen in einer Umlaufbahn, wieder andere landen sogar. Die Raumsonde *Stardust* („Sternenstaub") der NASA wurde 1999 gestartet. Sie traf 2004 auf den Kometen Wild 2 und sammelte Staubproben, die sie 2 Jahre später zur Erde zurückbrachte.

DIE KECK-ZWILLINGE
Die *Keck*-Teleskope in Hawaii sind derzeit die größten der Welt. Ihre Hauptspiegel haben Durchmesser von 10 m. Sie bestehen nicht aus einem Stück, sondern aus 36 unabhängig voneinander per Computer steuerbaren, sechseckigen Segmenten, sodass man immer eine perfekte Spiegelkrümmung einstellen kann. Die Teleskope können so betrieben werden, dass eine Gesamtspiegelfläche von 85 m Durchmesser entsteht.

Die Sonde Stardust

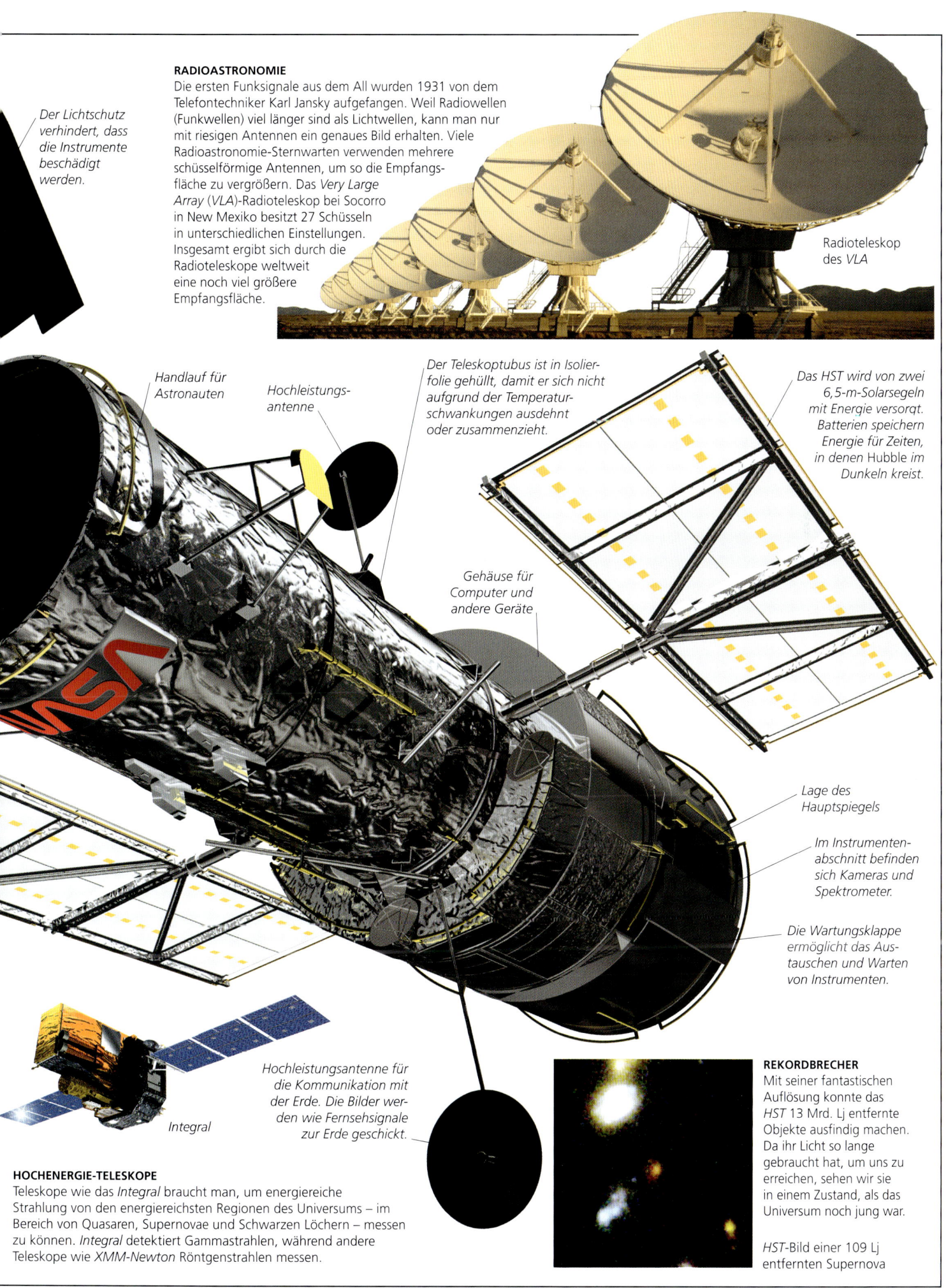

Der Lichtschutz verhindert, dass die Instrumente beschädigt werden.

RADIOASTRONOMIE

Die ersten Funksignale aus dem All wurden 1931 von dem Telefontechniker Karl Jansky aufgefangen. Weil Radiowellen (Funkwellen) viel länger sind als Lichtwellen, kann man nur mit riesigen Antennen ein genaues Bild erhalten. Viele Radioastronomie-Sternwarten verwenden mehrere schüsselförmige Antennen, um so die Empfangsfläche zu vergrößern. Das *Very Large Array* (*VLA*)-Radioteleskop bei Socorro in New Mexiko besitzt 27 Schüsseln in unterschiedlichen Einstellungen. Insgesamt ergibt sich durch die Radioteleskope weltweit eine noch viel größere Empfangsfläche.

Radioteleskop des *VLA*

Handlauf für Astronauten

Hochleistungsantenne

Der Teleskoptubus ist in Isolierfolie gehüllt, damit er sich nicht aufgrund der Temperaturschwankungen ausdehnt oder zusammenzieht.

Das HST wird von zwei 6,5-m-Solarsegeln mit Energie versorgt. Batterien speichern Energie für Zeiten, in denen Hubble im Dunkeln kreist.

Gehäuse für Computer und andere Geräte

Lage des Hauptspiegels

Im Instrumentenabschnitt befinden sich Kameras und Spektrometer.

Die Wartungsklappe ermöglicht das Austauschen und Warten von Instrumenten.

Integral

Hochleistungsantenne für die Kommunikation mit der Erde. Die Bilder werden wie Fernsehsignale zur Erde geschickt.

HOCHENERGIE-TELESKOPE

Teleskope wie das *Integral* braucht man, um energiereiche Strahlung von den energiereichsten Regionen des Universums – im Bereich von Quasaren, Supernovae und Schwarzen Löchern – messen zu können. *Integral* detektiert Gammastrahlen, während andere Teleskope wie *XMM-Newton* Röntgenstrahlen messen.

REKORDBRECHER

Mit seiner fantastischen Auflösung konnte das *HST* 13 Mrd. Lj entfernte Objekte ausfindig machen. Da ihr Licht so lange gebraucht hat, um uns zu erreichen, sehen wir sie in einem Zustand, als das Universum noch jung war.

HST-Bild einer 109 Lj entfernten Supernova

17

Unsere kleine Welt

Die Astronomen des Altertums glaubten, die Erde müsse der Mittelpunkt des Universums sein. Kreisten nicht Sonne, Mond und Sterne um sie? Heute wissen wir, dass dem nicht so ist. Die Sonne ist das Zentrum unseres kleinen Abschnitts des Universums und die Erde und die anderen Planeten kreisen um diesen Himmelskörper. Die Sonne unterscheidet sich von allen anderen Himmelskörpern unseres Sonnensystems, weil sie ein Stern ist und als solcher selbst Licht produziert. Alle anderen Himmelskörper sehen wir im reflektierten Licht der Sonne. Insgesamt acht Planeten sind die wichtigsten Bestandteile des Sonnensystems, außerdem drei Zwergplaneten und mehr als 150 Monde. Weiterhin gehören Milliarden von Gesteinsbrocken (Asteroiden) und Eiskörpern (Kometen) dazu.

KOPERNIKUS' WELTBILD
1543 trat der polnische Astronom und Priester Nikolaus Kopernikus (1473–1543) mit seiner Vermutung an die Öffentlichkeit, dass die Sonne und nicht die Erde das Zentrum unseres Planetensystems darstellt. Das widersprach den Lehren der Kirche, wurde aber später durch Galilei bewiesen.

PLANETEN
Ein Planet ist ein Himmelskörper, der eine Sonne umkreist und groß genug ist, dass er durch seine eigene Schwerkraft in etwa Kugelform annimmt. Die Erde ist der dritte Planet von der Sonne aus und diese Lage bietet die besten Bedingungen für Leben.

MONDE
Alle Planeten außer Merkur und Venus besitzen natürliche Satelliten (Trabanten, Monde), die sie umkreisen. Die vier riesigen äußeren Planeten haben zusammen mehr als 150 Monde. Dies ist der Saturnmond Mimas.

Merkur

Umlaufbahn des Neptun. Der Neptun braucht 164,8 Jahre, um die Sonne einmal zu umkreisen.

Der Mars braucht 1,9 Jahre für einen Umlauf um die Sonne.

Mars

Pluto

Pluto braucht 248 Jahre für eine Sonnenumrundung. Seit seiner Entdeckung 1930 galt er lange Zeit als Planet, wurde aber 2006 auf einen Zwergplaneten zurückgestuft.

Der Jupiter braucht 11,9 Jahre für einen Umlauf um die Sonne.

Jupiter

Im Asteroiden-Gürtel kreisen Ceres, ein Zwergplanet, sowie Milliarden von Gesteinsbrocke...

Zwischen Jupiter und Neptun kreisen die Zentauren, eine Klasse von Asteroiden, um die Sonne.

Uranus

ZWERGPLANETEN IM KUIPER-GÜRTEL
Außerhalb des Neptun-Orbits befindet sich der Kuiper-Gürtel, eine lockere Ansammlung aus Gesteins- und Eisbrocken. Die größten von ihnen sind Eris (oben) und Pluto. Zwergplaneten sind seit 2006 eine eigene anerkannte Klasse kosmischer Körper, die die Sonne umkreisen. Seit 2008 gibt es auch den Begriff „Plutoide", das sind Zwergplaneten im Kuiper-Gürtel.

Der Uranus umkreist die Sonne einmal in 84 Jahren.

Der Saturn braucht 29,5 Jahre für einen Sonnenumlauf.

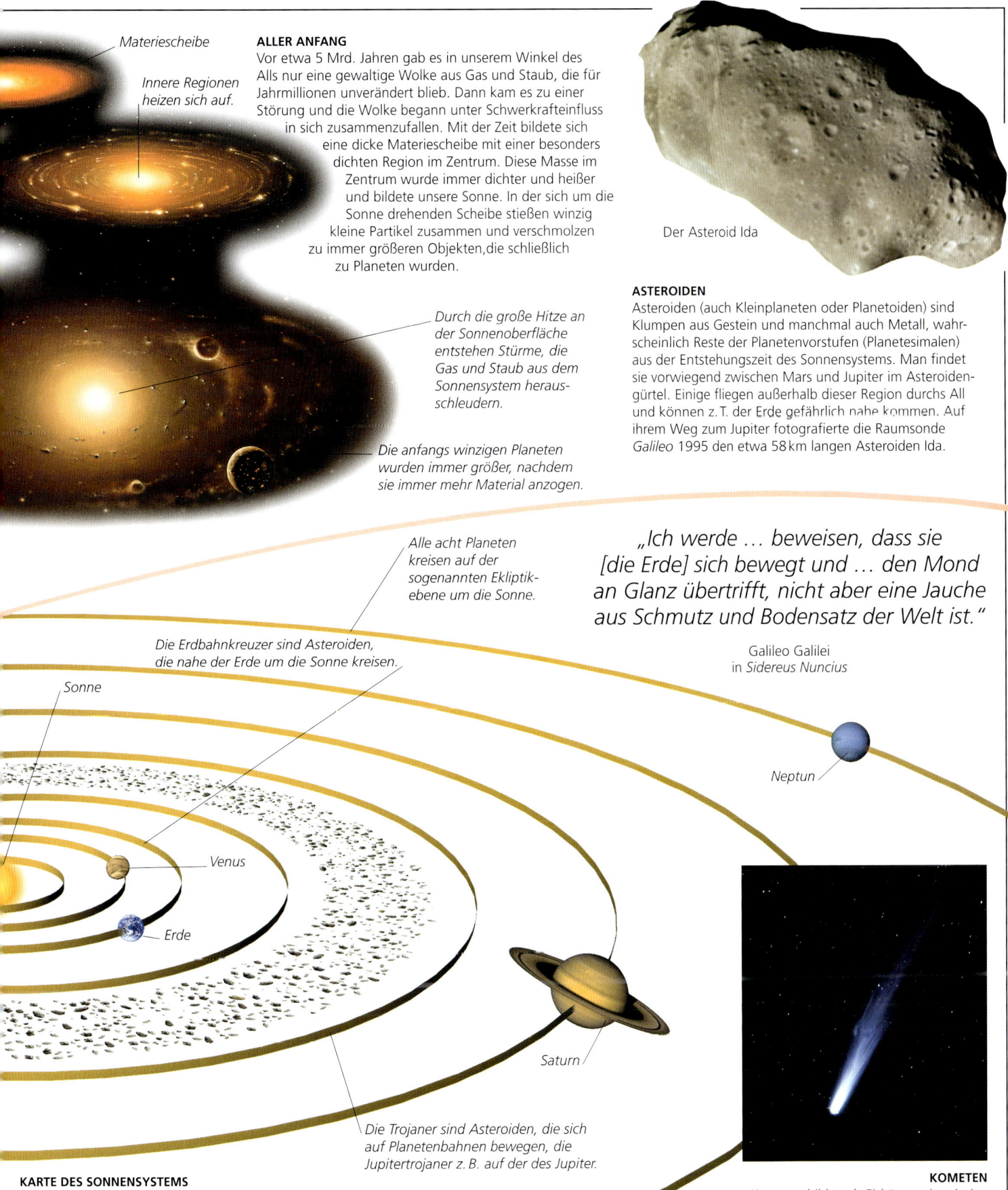

ALLER ANFANG

Vor etwa 5 Mrd. Jahren gab es in unserem Winkel des Alls nur eine gewaltige Wolke aus Gas und Staub, die für Jahrmillionen unverändert blieb. Dann kam es zu einer Störung und die Wolke begann unter Schwerkrafteinfluss in sich zusammenzufallen. Mit der Zeit bildete sich eine dicke Materiescheibe mit einer besonders dichten Region im Zentrum. Diese Masse im Zentrum wurde immer dichter und heißer und bildete unsere Sonne. In der sich um die Sonne drehenden Scheibe stießen winzig kleine Partikel zusammen und verschmolzen zu immer größeren Objekten,die schließlich zu Planeten wurden.

Materiescheibe

Innere Regionen heizen sich auf.

Durch die große Hitze an der Sonnenoberfläche entstehen Stürme, die Gas und Staub aus dem Sonnensystem herausschleudern.

Die anfangs winzigen Planeten wurden immer größer, nachdem sie immer mehr Material anzogen.

Der Asteroid Ida

ASTEROIDEN

Asteroiden (auch Kleinplaneten oder Planetoiden) sind Klumpen aus Gestein und manchmal auch Metall, wahrscheinlich Reste der Planetenvorstufen (Planetesimalen) aus der Entstehungszeit des Sonnensystems. Man findet sie vorwiegend zwischen Mars und Jupiter im Asteroidengürtel. Einige fliegen außerhalb dieser Region durchs All und können z. T. der Erde gefährlich nahe kommen. Auf ihrem Weg zum Jupiter fotografierte die Raumsonde *Galileo* 1995 den etwa 58 km langen Asteroiden Ida.

Alle acht Planeten kreisen auf der sogenannten Ekliptikebene um die Sonne.

Die Erdbahnkreuzer sind Asteroiden, die nahe der Erde um die Sonne kreisen.

„Ich werde … beweisen, dass sie [die Erde] sich bewegt und … den Mond an Glanz übertrifft, nicht aber eine Jauche aus Schmutz und Bodensatz der Welt ist."

Galileo Galilei
in *Sidereus Nuncius*

Sonne

Neptun

Venus

Erde

Saturn

Die Trojaner sind Asteroiden, die sich auf Planetenbahnen bewegen, die Jupitertrojaner z. B. auf der des Jupiter.

KARTE DES SONNENSYSTEMS

Die Planeten umkreisen die Sonne in Abständen von 58 Mio. km (so Merkur, der innerste Planet) bis 4,5 Mrd. km (so Neptun, der äußerste Planet). Ihre Umlaufbahnen sind keine perfekten Kreisbahnen, sondern elliptisch (oval). Angezogen von der Schwerkraft der Sonne umkreisen alle Planeten die Sonne annähernd in einer Ebene und in der gleichen Richtung.

Die Kometen stammen aus eisigen Staubwolken jenseits der Umlaufbahn des Neptun.

KOMETEN

Kometen bilden als Eiskörper eine riesige Kugel, die man Oortsche Wolke nennt und die den planetarischen Teil des Sonnensystems umgibt. Gelegentlich verlässt ein Komet die Oortsche Wolke und fliegt zur Sonne. Durch ihre Wärme verdampfen Eis und Schnee zu Gasen und bilden eine große, sichtbare Koma um den Kometenkern.

Unser Stern

Der Stern, den wir Sonne nennen, beherrscht unseren Winkel des Universums. Mit einem Durchmesser von 1 400 000 Kilometer ist die Sonne mehr als hundert Mal so groß wie die Erde. Wegen ihrer gewaltigen Masse besitzt sie eine sehr starke Schwerkraft, die große Körper (wie die Erde und die anderen Planeten) und kleine Körper (wie Kometen) anzieht. Diese Körper bilden das Sonnensystem. Wie andere Sterne ist die Sonne eine große Kugel aus glühendem Gas, genauer gesagt aus unterschiedlichen Gasen. Die beiden wichtigsten sind Wasserstoff und Helium, doch es finden sich geringere Mengen von bis zu 70 anderen chemischen Elementen. Für uns auf der Erde, 150 Millionen Kilometer entfernt, ist die Sonne lebenswichtig. Sie liefert das Licht und die Wärme, die Leben auf unserem Planeten ermöglichen.

SONNENSAGEN
Die Sonne wurde seit alters als Gott verehrt. Bei den alten Ägyptern war der falkenköpfige Sonnengott Re die mächtigste Gottheit. Und die alten Griechen glaubten, dass Sonnengott Helios täglich die Sonne in seinem fliegenden Pferdewagen über den Himmel zieht.

Die sichtbare Oberfläche der Sonne heißt Fotosphäre.

Protuberanzen sind aus der Oberfläche hervorschießende heiße Gase.

Die sichtbare Oberfläche der Sonne hat eine feine Körnung, ein Resultat aufsteigender heißer Gase.

Die Temperatur der Fotosphäre beträgt etwa 5500 °C.

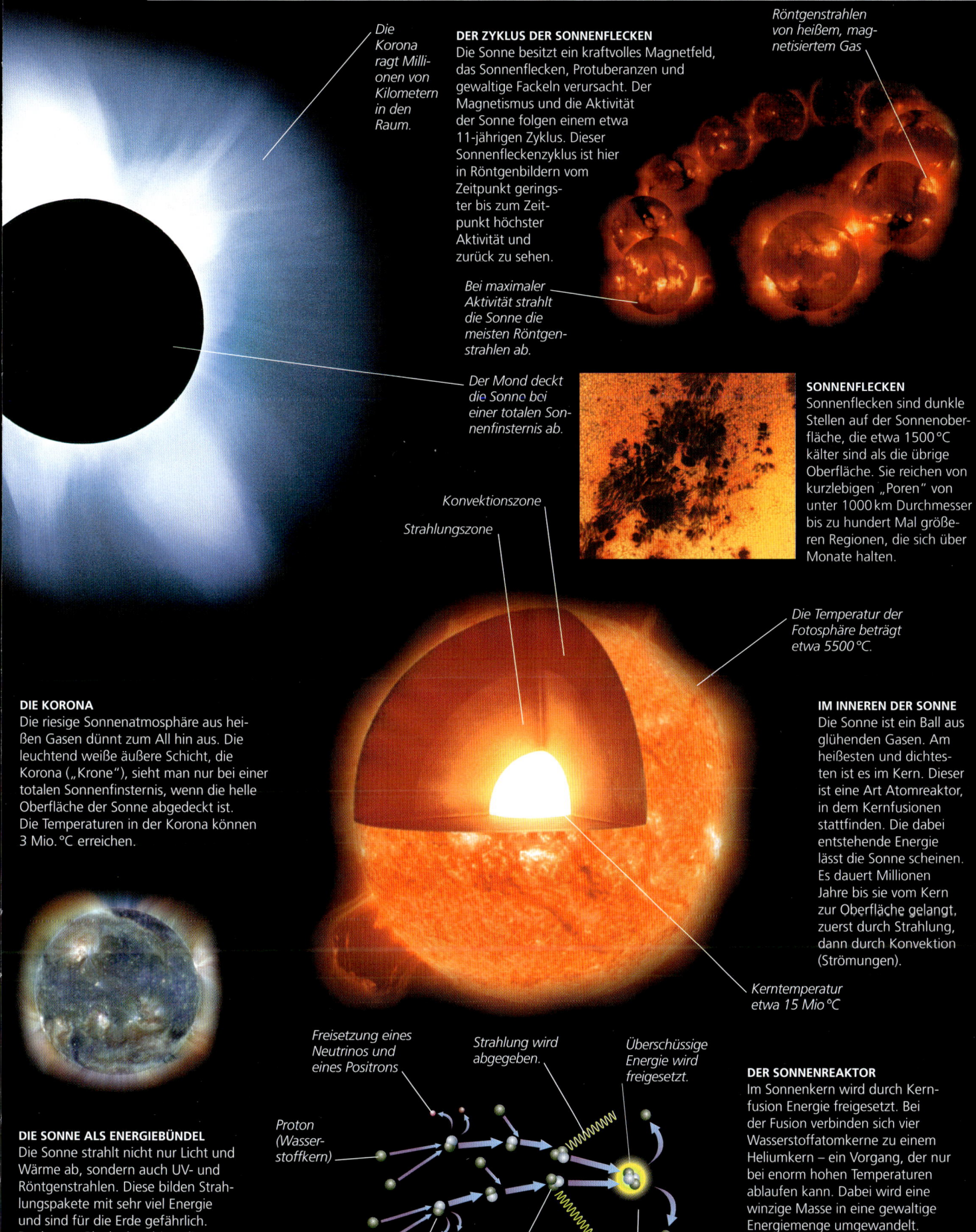

Die Korona ragt Millionen von Kilometern in den Raum.

DER ZYKLUS DER SONNENFLECKEN
Die Sonne besitzt ein kraftvolles Magnetfeld, das Sonnenflecken, Protuberanzen und gewaltige Fackeln verursacht. Der Magnetismus und die Aktivität der Sonne folgen einem etwa 11-jährigen Zyklus. Dieser Sonnenfleckenzyklus ist hier in Röntgenbildern vom Zeitpunkt geringster bis zum Zeitpunkt höchster Aktivität und zurück zu sehen.

Röntgenstrahlen von heißem, magnetisiertem Gas

Bei maximaler Aktivität strahlt die Sonne die meisten Röntgenstrahlen ab.

Der Mond deckt die Sonne bei einer totalen Sonnenfinsternis ab.

Konvektionszone

Strahlungszone

SONNENFLECKEN
Sonnenflecken sind dunkle Stellen auf der Sonnenoberfläche, die etwa 1500 °C kälter sind als die übrige Oberfläche. Sie reichen von kurzlebigen „Poren" von unter 1000 km Durchmesser bis zu hundert Mal größeren Regionen, die sich über Monate halten.

Die Temperatur der Fotosphäre beträgt etwa 5500 °C.

DIE KORONA
Die riesige Sonnenatmosphäre aus heißen Gasen dünnt zum All hin aus. Die leuchtend weiße äußere Schicht, die Korona („Krone"), sieht man nur bei einer totalen Sonnenfinsternis, wenn die helle Oberfläche der Sonne abgedeckt ist. Die Temperaturen in der Korona können 3 Mio. °C erreichen.

IM INNEREN DER SONNE
Die Sonne ist ein Ball aus glühenden Gasen. Am heißesten und dichtesten ist es im Kern. Dieser ist eine Art Atomreaktor, in dem Kernfusionen stattfinden. Die dabei entstehende Energie lässt die Sonne scheinen. Es dauert Millionen Jahre bis sie vom Kern zur Oberfläche gelangt, zuerst durch Strahlung, dann durch Konvektion (Strömungen).

Kerntemperatur etwa 15 Mio °C

Freisetzung eines Neutrinos und eines Positrons

Strahlung wird abgegeben.

Überschüssige Energie wird freigesetzt.

Proton (Wasserstoffkern)

DER SONNENREAKTOR
Im Sonnenkern wird durch Kernfusion Energie freigesetzt. Bei der Fusion verbinden sich vier Wasserstoffatomkerne zu einem Heliumkern – ein Vorgang, der nur bei enorm hohen Temperaturen ablaufen kann. Dabei wird eine winzige Masse in eine gewaltige Energiemenge umgewandelt.

DIE SONNE ALS ENERGIEBÜNDEL
Die Sonne strahlt nicht nur Licht und Wärme ab, sondern auch UV- und Röntgenstrahlen. Diese bilden Strahlungspakete mit sehr viel Energie und sind für die Erde gefährlich. Doch zum Glück absorbiert die Erdatmosphäre die meisten UV- und alle Röntgenstrahlen.

Zwei Protonen verschmelzen, eines wird zu einem Neutron.

Ein Proton kommt hinzu.

Kernfusion

Zwei identische Gruppen verschmelzen zu einem Heliumkern.

Der Mond der Erde

Der Mond ist der uns nächste Himmelskörper und der einzige natürliche Satellit der Erde. Er bewegt sich auf einer Kreisbahn in durchschnittlich 384 000 Kilometer Entfernung um die Erde. Der Mond strahlt kein eigenes Licht ab, Mondschein ist reflektiertes Sonnenlicht. Während der Mond die Erde umrundet, scheint sich seine Gestalt zu verändern. Im Lauf von 29,5 Tagen nimmt er bis zum Vollmond zu und dann wieder bis zum Neumond ab. Diese Mondphasen gehören zu den wichtigsten Rhythmen der Natur. Der Mond hat einen Durchmesser von 3476 Kilometer und ist steinig wie die Erde, besitzt aber weder Atmosphäre, noch Wasser, noch gibt es dort Leben. Die Astronomen glauben, dass der Mond vor 4,5 Mrd. Jahren bei einer Kollision zwischen der Erde und einem anderen Himmelskörper von der Größe des Mars entstanden ist.

Helles Zentrum mit abgehenden Strahlen

Die Krater entstanden durch Meteoriteneinschläge.

Neumond

Sichel, zunehmend

Halbmond, zunehmend

Zunehmend

Vollmond

Abnehmend

Halbmond, abnehmend

Sichel, abnehmend

Die dunkle Seite des Sichelmonds reflektiert manchmal schwach Licht von der Erde.

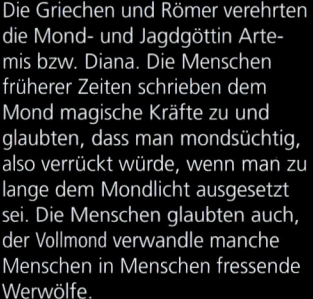

Schauspieler Lon Chaney Jr. in *Der Wolfsmensch (1941)*

MONDSAGEN
Die Griechen und Römer verehrten die Mond- und Jagdgöttin Artemis bzw. Diana. Die Menschen früherer Zeiten schrieben dem Mond magische Kräfte zu und glaubten, dass man mondsüchtig, also verrückt würde, wenn man zu lange dem Mondlicht ausgesetzt sei. Die Menschen glaubten auch, der Vollmond verwandle manche Menschen in Menschen fressende Werwölfe.

MONDPHASEN
Die Sonne strahlt unterschiedliche Bereiche des Monds an. Wir sehen nur die Seite, die zur Erde weist. Bei Neumond sehen wir den Mond nicht, weil die Sonne nur die der Erde abgewandte Seite anstrahlt. Bewegt sich der Mond auf seiner Umlaufbahn weiter, wird immer mehr der für uns sichtbaren Seite angestrahlt, bis wir Vollmond haben. Dann bewegt sich die sonnenbeschienene Seite weiter und der Mond nimmt wieder ab.

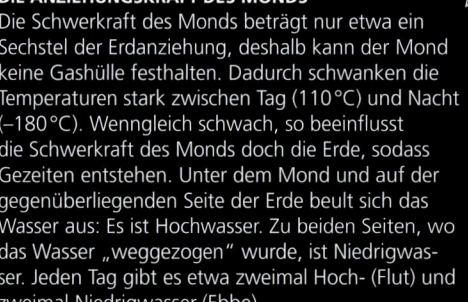

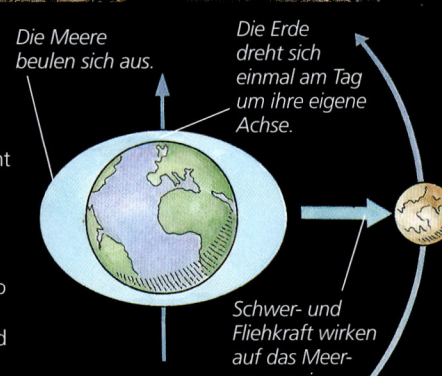

DIE ANZIEHUNGSKRAFT DES MONDS
Die Schwerkraft des Monds beträgt nur etwa ein Sechstel der Erdanziehung, deshalb kann der Mond keine Gashülle festhalten. Dadurch schwanken die Temperaturen stark zwischen Tag (110 °C) und Nacht (–180 °C). Wenngleich schwach, so beeinflusst die Schwerkraft des Monds doch die Erde, sodass Gezeiten entstehen. Unter dem Mond und auf der gegenüberliegenden Seite der Erde beult sich das Wasser aus: Es ist Hochwasser. Zu beiden Seiten, wo das Wasser „weggezogen" wurde, ist Niedrigwasser. Jeden Tag gibt es etwa zweimal Hoch- (Flut) und zweimal Niedrigwasser (Ebbe).

Die Meere beulen sich aus.

Die Erde dreht sich einmal am Tag um ihre eigene Achse.

Schwer- und Fliehkraft wirken auf das Meerwasser ein.

DAS GESICHT DES MONDS
Der Mond zeigt immer mit der gleichen Seite zur Erde, denn er dreht sich in der gleichen Zeit, in der er sich einmal um die Erde dreht, um seine eigene Achse – in 27,3 Tagen. Solch eine gebundene Rotation zeigen die meisten großen Monde. Die dunklen Stellen, die wir sehen, sind gewaltige Staubebenen. Die frühen Astronomen dachten, es seien Meere, und nannten sie daher *maria* (lat. für Meere). Die helleren Regionen sind ältere, von Kratern zerklüftete Hochländer, die als Teile der ursprünglichen Mondkruste gelten.

Das Aitken-Becken ist der größte Krater im Sonnensystem.

Der Südpol des Monds

DIE VERBORGENEN POLE
Die Pole des Monds können wir von der Erde aus nicht sehen, doch haben Raumsonden sie untersucht und herausgefunden, dass einige Polkrater in ständiger Dunkelheit liegen und sich dort viel Eis befinden könnte. Diese Eislager könnten zukünftige Mondforscher mit Wasser versorgen.

Die dunklen maria (Meere) sind erstarrte Lavaergüsse.

Mondberge

EIN SPAZIERGANG AUF DEM MOND
Am 20. Juli 1969 betraten die *Apollo-11*-Astronauten Neil Armstrong und Buzz Aldrin als erste Menschen den Mond. Sie waren die ersten von zwölf US-Astronauten, die den Mond erforschten, Messstationen aufstellten und Gesteinsproben zur Erde brachten. Monderde (Regolith) ähnelt aufgepflügter Erde von unserem Planeten. Sie ist vom ständigen Meteoriten-Bombardement aufgehackt. Das Gestein ist vorwiegend vulkanisch und gleicht unserem Basalt.

RÜCKSEITE
Ehe in den 1960er-Jahren Mondsonden die der Erde abgewandte Seite kartierten, war sie völlig unbekannt. Sie ist zerklüfteter und weist noch mehr Krater auf als die der Erde zugewandte Seite, aber weniger „Meere". Hervorstechend ist der 185 km breite Krater Ziolkowski.

Vom Mond aus gesehen durchläuft die Erde Phasen.

Mondoberfläche aus vielen Kilometern Höhe

ERDAUFGANG
Die Astronauten der *Apollo* machten aus der Umlaufbahn und vom Mond aus atemberaubende Aufnahmen. Besonders beeindruckend sind jene Bilder, auf denen die Erde über dem Horizont des Monds erscheint. Sie zeigen deutlich den Unterschied zwischen unserer bunten Welt voller Leben und dem tristen, toten Trabanten.

Planeten im Vergleich

Von der Sonne aus ist die Reihenfolge der acht Planeten: Merkur, Venus, Erde, Mars, Jupiter, Saturn, Uranus
und Neptun. Bezüglich ihrer Zusammensetzung lassen
sich zwei Hauptgruppen unterscheiden: Die vier kleineren
inneren Planeten bestehen hauptsächlich aus Gestein
(Gesteinsplaneten), die vier großen äußeren aus Gas
(Gasriesen). Alle Planeten zeigen zwei Bewegungen
im Raum: Jeder Planet dreht sich um seine eigene
Achse – die benötigte Zeit (Rotationszeit) nennt man
Tag – und er läuft einmal um die Sonne, nämlich in
einem Jahr.

GRÖSSENVERGLEICH
Die Größenunterschiede der Planeten sind gewaltig:
Jupiter ist ein wahrer Riese. Er besitzt mehr Materie
als alle anderen Planeten zusammen. Sein Durchmesser ist über 11-mal größer als die Erde und sogar
fast 30-mal größer als Merkur. Die Kerne im Zentrum
der Riesenplaneten sind viel kleiner – sie entsprechen
etwa der Größe der Erde. Merkur ist dagegen winzig –
die Gasriesen Jupiter und Saturn haben je einen
Mond, der größer ist.

MERKUR
Durchmesser: 4880 km
Mittlere Entfernung
von der Sonne:
58 Mio. km
Rotationszeit: 58,7 Tage
Umlauf um die Sonne:
88 Tage
Zahl der Monde: 0

ERDE
Durchmesser: 12 756 km
Mittlere Entfernung von der
Sonne: 149,6 Mio. km
Rotationszeit: 23,93 Stunden
Umlauf um die Sonne:
365,25 Tage
Zahl der Monde: 1

VENUS
Durchmesser: 12 104 km
Mittlere Entfernung von der
Sonne: 108 Mio. km
Rotationszeit: 243 Tage
Umlauf um die
Sonne: 224,7 Tage
Zahl der Monde: 0

MARS
Durchmesser: 6794 km
Mittlere Entfernung von
der Sonne: 228 Mio. km
Rotationszeit: 24,6 Stunden
Umlauf um die Sonne:
687 Tage
Zahl der Monde: 2

Die meisten Gasriesen besitzen
eine turbulente Atmosphäre, deren
Bewegungen von einer inneren
Energiequelle angetrieben werden.

JUPITER
Durchmesser: 142 984 km
Mittlere Entfernung von der
Sonne: 778 Mio. km
Rotationszeit: 9,93 Stunden
Umlauf um die Sonne: 11,9 Jahre
Zahl der Monde: mind. 63

UMLAUFBAHNEN MASSSTABSGETREU
Die Darstellung unten zeigt die Abstände der Planeten
von der Sonne im richtigen Maßstab. Die vier inneren
Planeten liegen relativ dicht beieinander, die vier äußeren
dagegen liegen weit auseinander. Das Sonnensystem
besteht hauptsächlich aus leerem Raum.

Der Äquator des Saturns ist von
einem ausgedehnten Ringsystem
umgeben, das eine Spannweite
von etwa 400 000 km hat. Alle vier
Gasriesen besitzen Ringsysteme,
doch die Ringe des Saturns sind bei
Weitem die eindrucksvollsten.

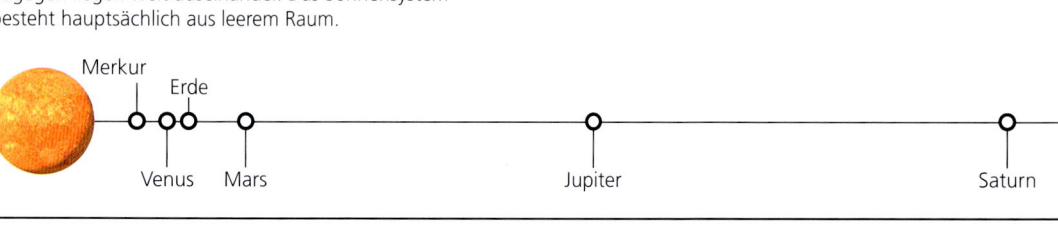

Merkur
Erde
Venus   Mars
Jupiter
Saturn

IN DER EKLIPTIK

Die Planeten umkreisen die Sonne etwa in einer Ebene, die man Ekliptik nennt. Von der Erde aus gesehen ist die Ekliptik jene Bahn, die die Sonne im Lauf eines Jahres durch die Sternbilder des Tierkreises (Zodiak) zu beschreiben scheint. Staub im Bereich der Ekliptik verursacht ein schwaches Leuchten am Nachthimmel, das Zodiakallicht.

Die fünf mit bloßem Auge erkennbaren Planeten entlang der Ekliptik

SATURN
Durchmesser: 120 536 km
Mittlere Entfernung von der Sonne: 1429 Mio. km
Rotationszeit: 10,66 Stunden
Umlauf um die Sonne: 29,5 Jahre
Zahl der Monde: 60

Wie man an der Lage der Saturnringe sehen kann, umkreisen die Planeten die Sonne nicht ganz aufrecht, sondern etwas geneigt.

URANUS
Durchmesser: 51 118 km
Mittlere Entfernung von der Sonne: 2875 Mio. km
Rotationszeit: 17,24 Stunden
Umlauf um die Sonne: 84 Jahre
Zahl der Monde: 27

NEPTUN
Durchmesser: 49 532 km
Mittlere Entfernung von der Sonne: 4505 Mio. km
Rotationszeit: 16,11 Stunden
Umlauf um die Sonne: 164,8 Jahre
Zahl der Monde: 13

Äußere Atmosphäre

Flüssige Wasserstoffmolekule

Aufbau des Jupiter

Flüssiger atomarer Wasserstoff

Kern

GASRIESEN

Die vier Planeten Jupiter, Saturn, Uranus und Neptun sind Gasriesen. Sie besitzen eine dicke Atmosphäre, die hauptsächlich aus Wasserstoff und Helium besteht. Darunter befindet sich auf dem ganzen Planeten ein Ozean aus flüssigem Wasserstoff, wie bei Jupiter und Saturn, oder aus matschigem Eis. Nur der kleine Kern besteht aus Gestein. Außerdem haben Gasriesen gemeinsam, dass sie viele Monde, die sie umkreisen, und Ringsysteme besitzen.

Mantel Kern

Kruste

Atmosphäre

Aufbau des Mars

GESTEINSPLANETEN

Die vier inneren Planeten – Merkur bis Mars – werden auch erdähnliche (terrestrische) Planeten genannt. Sie besitzen eine dünne äußere Gesteinsschicht, die Kruste, über einer dickeren, dem Mantel. Im Zentrum befindet sich ein Kern aus Metall, vorwiegend Eisen. Alle Planeten außer Merkur besitzen eine Atmosphäre.

Uranus

Neptun

Merkur und Venus

Merkur und Venus drehen ihre Kreise näher an der Sonne als die Erde. An unserem Nachthimmel leuchten sie wie helle Sterne. Dabei leuchtet Venus besonders hell und fast ganzjährig als Morgen- bzw. als Abendstern. Der Merkur liegt so dicht bei der Sonne, dass er nur zu bestimmten Zeiten des Jahres kurz vor Sonnenaufgang oder kurz nach Sonnenuntergang zu sehen ist. Beide Planeten sind viel heißer als die Erde – mit Oberflächentemperaturen bis zu 450 °C beim Merkur und 480 °C bei der Venus. Und doch sind beide Planeten sehr unterschiedlich: Merkur ist weniger als halb so groß wie die Venus, mit Kratern übersät und hat keine nennenswerte Atmosphäre. Die Venus hat eine dichte Atmosphäre voller Wolken, sodass man nicht auf die Planetenoberfläche schauen kann.

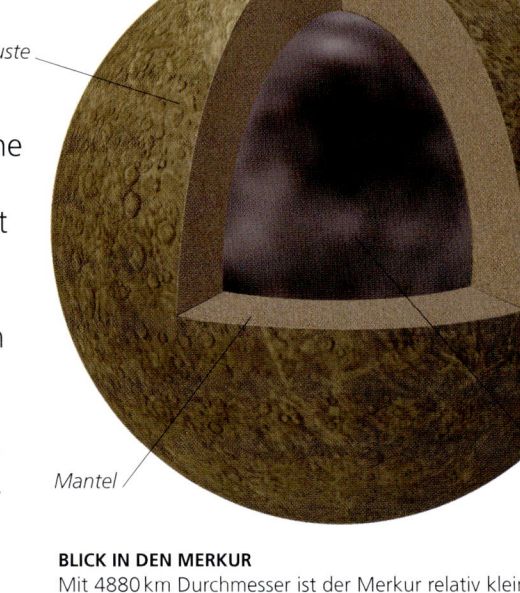

Kruste

Mantel

Kern

BLICK IN DEN MERKUR
Mit 4880 km Durchmesser ist der Merkur relativ klein. Er besteht wie die Erde aus Gestein und hat einen ähnlichen Aufbau aus Schichten. Unter der harten Kruste liegt ein Gesteinsmantel, im Inneren ein Kern aus Eisen. Dieser ist mit zwei Dritteln des Planetendurchmessers verhältnismäßig groß.

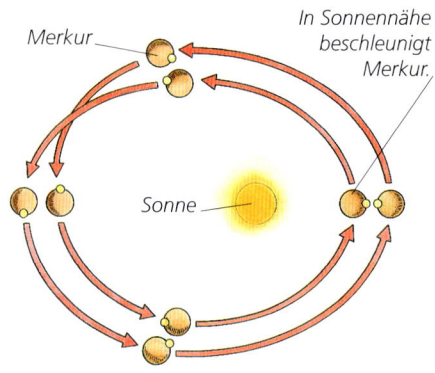

Merkur

In Sonnennähe beschleunigt Merkur.

Sonne

WIE SCHNELL KREIST MERKUR?
Der Merkur umkreist die Sonne am schnellsten von allen Planeten, in nur 88 Tagen. Die Rotationszeit aber beträgt 59 Tage. Daher liegen Großteile der Merkuroberfläche 176 Erdentage im Sonnenlicht, danach die gleiche Zeit im Dunkeln (Punkt in der Zeichnung). Die Temperaturen schwanken zwischen 450 °C (Tag) und −180 °C (Nacht).

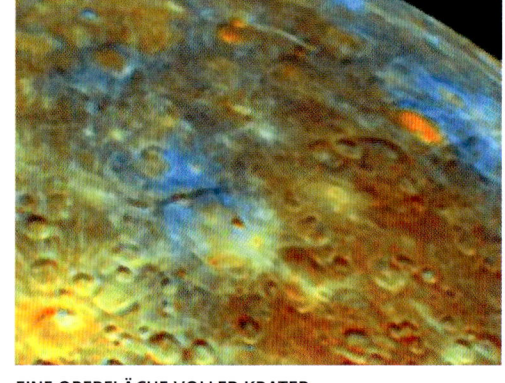

EINE OBERFLÄCHE VOLLER KRATER
Vor Jahrmilliarden war der Merkur einem starken Meteoritenbombardement ausgesetzt, woher die stark zerkraterte, mondähnliche Oberfläche rührt. Es gibt hier und da etwas glattere Flächen, doch nichts mit den Mondmeeren Vergleichbares. Die größte Landschaftsstruktur ist das Caloris-Becken, ein Einschlagkrater von etwa 1300 km Durchmesser.

Wolken aus Schwefelsäure

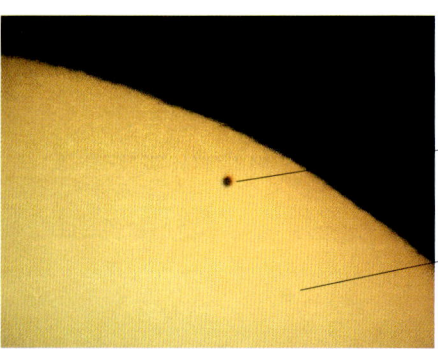

Merkur

Sonnenoberfläche

DURCHGÄNGE
Merkur und Venus umkreisen die Sonne näher als die Erde und können so manchmal von der Erde aus gesehen vor der Sonne stehen. Diese seltene astronomische Erscheinung nennt man Durchgang (Transit). Venusdurchgänge kommen zweimal hintereinander einmal in 100 Jahren vor.

COOKS REISE
1768 beauftragte die britische Royal Society James Cook (1728–1779) mit der ersten wissenschaftlichen Expedition in den Pazifik. Ein wichtiges Ziel war, den Venusdurchgang am 3. Juni 1769 von Tahiti aus zu protokollieren. Mit den Messergebnissen konnte man die Entfernung der Erde zur Sonne berechnen. Nach diesen Messungen segelte Cook mit der *Endeavour* weiter nach Neuseeland und Australien, wo er 1770 in der Botanay Bay vor Anker ging. Er nahm das Land für Großbritannien in Besitz und nannte es New South Wales.

Teuflische Schwester

Venus und Erde sind ungefähr gleich groß, aber dennoch sehr unterschiedliche Welten. Der Radius der Venus ist mit 6052 km etwas kleiner als der Erdradius. Auf der unwirtlichen Venus herrschen sengende Temperaturen, eine zerdrückende Atmosphäre und ihre Wolken enthalten Tröpfchen aus Schwefelsäure. Wer auf der Venus landen wollte, würde verbrennen, ersticken, erdrückt und verätzt werden.

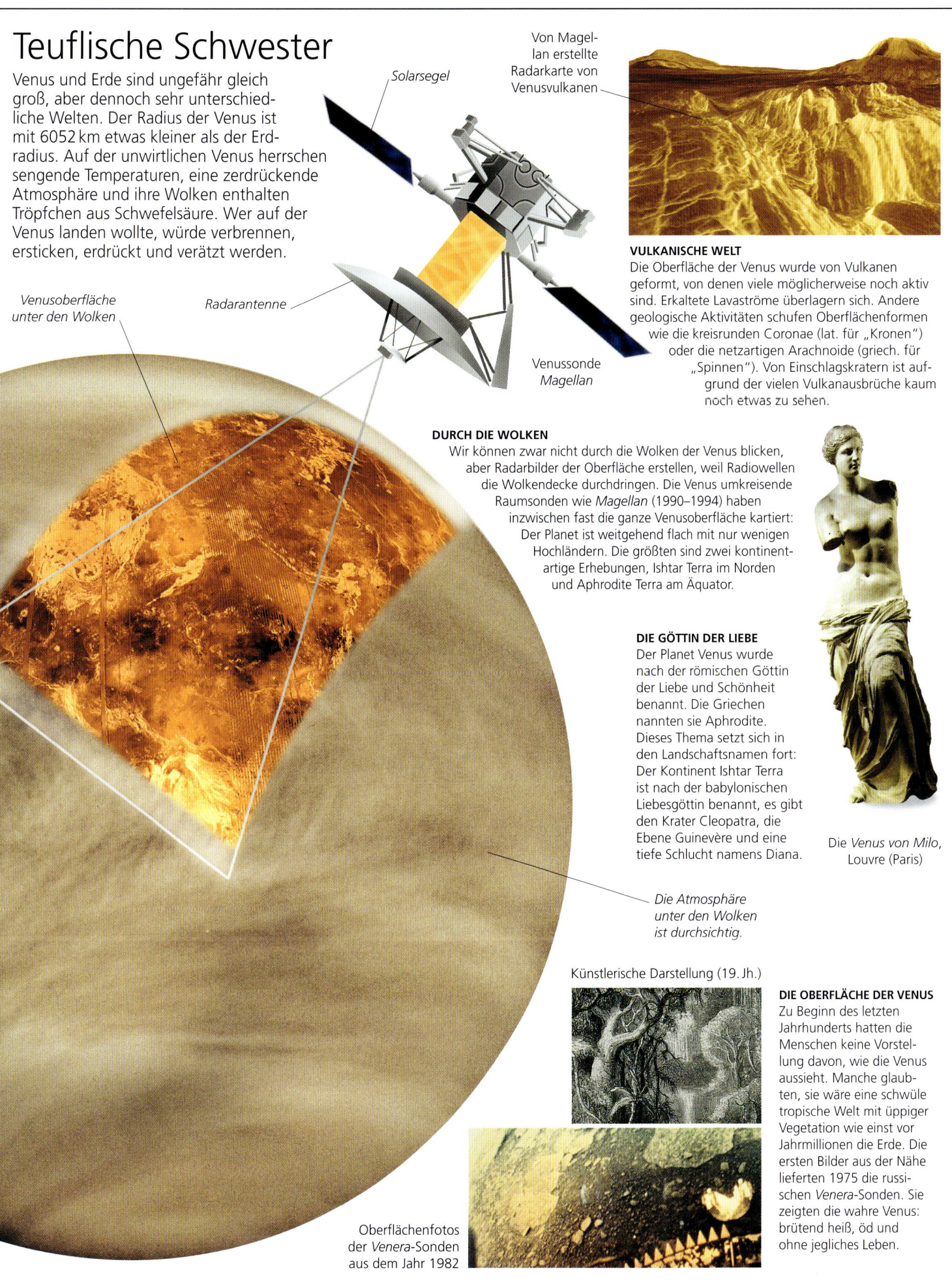

Solarsegel

Radarantenne

Venusoberfläche unter den Wolken

Venussonde *Magellan*

Von Magellan erstellte Radarkarte von Venusvulkanen

VULKANISCHE WELT
Die Oberfläche der Venus wurde von Vulkanen geformt, von denen viele möglicherweise noch aktiv sind. Erkaltete Lavaströme überlagern sich. Andere geologische Aktivitäten schufen Oberflächenformen wie die kreisrunden Coronae (lat. für „Kronen") oder die netzartigen Arachnoide (griech. für „Spinnen"). Von Einschlagskratern ist aufgrund der vielen Vulkanausbrüche kaum noch etwas zu sehen.

DURCH DIE WOLKEN
Wir können zwar nicht durch die Wolken der Venus blicken, aber Radarbilder der Oberfläche erstellen, weil Radiowellen die Wolkendecke durchdringen. Die Venus umkreisende Raumsonden wie *Magellan* (1990–1994) haben inzwischen fast die ganze Venusoberfläche kartiert: Der Planet ist weitgehend flach mit nur wenigen Hochländern. Die größten sind zwei kontinentartige Erhebungen, Ishtar Terra im Norden und Aphrodite Terra am Äquator.

DIE GÖTTIN DER LIEBE
Der Planet Venus wurde nach der römischen Göttin der Liebe und Schönheit benannt. Die Griechen nannten sie Aphrodite. Dieses Thema setzt sich in den Landschaftsnamen fort: Der Kontinent Ishtar Terra ist nach der babylonischen Liebesgöttin benannt, es gibt den Krater Cleopatra, die Ebene Guinevère und eine tiefe Schlucht namens Diana.

Die *Venus von Milo*, Louvre (Paris)

Die Atmosphäre unter den Wolken ist durchsichtig.

Künstlerische Darstellung (19. Jh.)

DIE OBERFLÄCHE DER VENUS
Zu Beginn des letzten Jahrhunderts hatten die Menschen keine Vorstellung davon, wie die Venus aussieht. Manche glaubten, sie wäre eine schwüle tropische Welt mit üppiger Vegetation wie einst vor Jahrmillionen die Erde. Die ersten Bilder aus der Nähe lieferten 1975 die russischen *Venera*-Sonden. Sie zeigten die wahre Venus: brütend heiß, öd und ohne jegliches Leben.

Oberflächenfotos der *Venera*-Sonden aus dem Jahr 1982

Unser Heimatplanet

Mit einem Durchmesser von 12 756 km am Äquator ist die Erde etwa so groß wie die Venus, aber damit enden die Gemeinsamkeiten auch schon. Bei einer mittleren Entfernung von der Sonne von 150 Millionen Kilometern ist die Erde keineswegs lebensfeindlich wie die Venus, sondern eine angenehme Welt, die unterschiedlichsten Lebensformen eine Heimat bietet. Sie ist ein Gesteinsplanet wie die drei anderen inneren Planeten des Sonnensystems. Doch ist ihre Oberfläche nicht starr wie bei den anderen, sondern besteht aus einzelnen Platten. Diese sind in stetiger, langsamer Bewegung und bewirken so, dass die Kontinente sich langsam verschieben.

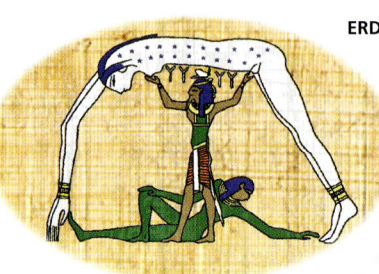

ERDGOTT
Dieses altägyptischen Papyrusmotiv zeigt das Weltbild der alten Ägypter: Der Erdgott Geb liegt auf dem Boden. Shu, eine ägyptische Entsprechung des griechischen Atlas, hält Gebs Schwester, die sternengesprenkelte Himmelsgöttin Nut, empor.

Zwischen den Wende- und den Polarkreisen herrscht ein gemäßigtes Klima mit Jahreszeiten.

Die Tiefe der Weltmeere beträgt im Durchschnitt mehr als 4 km.

PLATTENTEKTONIK
Die Plattentektonik beschreibt die Bewegungen der Erdkruste. Wo Platten aneinanderstoßen, können an den Rändern Gesteine geschmolzen werden und Vulkane entstehen. Hier, an der San-Andreas-Spalte in Kalifornien, verursachen aneinanderreibende Platten Erdbeben.

BLICK INS INNERE DER ERDE
Die Erde hat Schichten, ähnlich wie eine Zwiebel. Die äußere Kruste aus hartem Gestein ist relativ dünn: durchschnittlich 40 km auf den Kontinenten, aber nur 10 km unter dem Meer. Unter der Kruste liegt der schwere Gesteinsmantel, dessen oberer Bereich recht weich ist und fließen kann. Tief im Inneren liegt der gewaltige Eisenkern. Der äußere Kern ist flüssig, der innere fest. Strömungen und Wirbel im flüssigen äußeren Kern gelten als Ursache für den Magnetismus der Erde.

MEERE UND DIE ATMOSPHÄRE
Über 70 % der Erdoberfläche sind von Meeren bedeckt. Die Verdunstung des Meerwassers in die Atmosphäre spielt eine wichtige Rolle für das Klima des Planeten. Der nie endende Kreislauf des Wassers zwischen Meer und Atmosphäre bestimmt die Wetterlage rund um den Globus. Wetter findet hauptsächlich in der etwa 16 km hohen Troposphäre statt, der untersten Schicht der Atmosphäre.

Die Erde aus der Erdumlaufbahn gesehen

Die Kruste aus Silikatmineralien schwimmt auf dem geschmolzenen Inneren.

Eiskappen bedecken den Nord- und Südpol.

Trockene Wüstenregionen (Aride) liegen nahe am Äquator.

Die Erde ist am Äquator ausgebeult – der Durchmesser beträgt dort etwa 40 km mehr als zwischen den Polen.

Innerer Kern aus festem Eisen

Äußerer Kern aus geschmolzenem Eisen und Nickel

Ganz tief im Zentrum liegt ein kleiner, dichter Kern.

Äußerer Mantel

Der innere Mantel enthält mehr Eisen als der äußere.

Wenngleich hier aufrecht dargestellt, so sind die Pole der Erde doch etwa 23,5° gegen die Umlaufbahn um die Sonne verschoben. Daher bekommt erst der eine und dann der andere Pol mehr Licht, wodurch die Jahreszeiten entstehen.

Antarktis

Death Valley (Kalifornien)

KLIMAEXTREME

In der Antarktis gibt es die tiefsten Temperaturen der Erde: 1983 wurden an der Wostok-Station −89°C gemessen. Das Death Valley (Tal des Todes) in Kalifornien gehört zu den heißesten Orten der Welt, dort wird es im Sommer regelmäßig bis zu 50°C heiß.

DER MAGNETSCHILD

Das Magnetfeld der Erde reicht bis in den Weltraum und bildet einen blasenartigen Kokon, die Magnetosphäre. Diese stellt einen Schutzschild gegen gefährliche Strahlung und Teilchenströme von der Sonne dar. Das Magnetfeld lenkt die geladenen Teilchen des Sonnenwinds zu den Polen. Dort treffen sie auf Teilchen der Atmosphäre und regen sie zum Leuchten an. So entstehen Polarlichter (Nordlicht, Südlicht).

Vom Spaceshuttle aus fotografiertes Polarlicht

LEBEN IN FÜLLE

Mit angenehmen Temperaturen, Wasser und einer sauerstoffhaltigen Atmosphäre bietet die Erde einer Fülle von Lebewesen eine Heimat – von einfachen, mikroskopisch kleinen Bakterien und Einzellern bis zu den gewaltigen Mammutbäumen und einer Vielzahl von Blütenpflanzen, von Schnecken und Spinnen bis zu warmblütigen Vögeln und intelligenten Säugetieren wie uns selbst.

Bunte Vielfalt von Lebensformen am Korallenriff

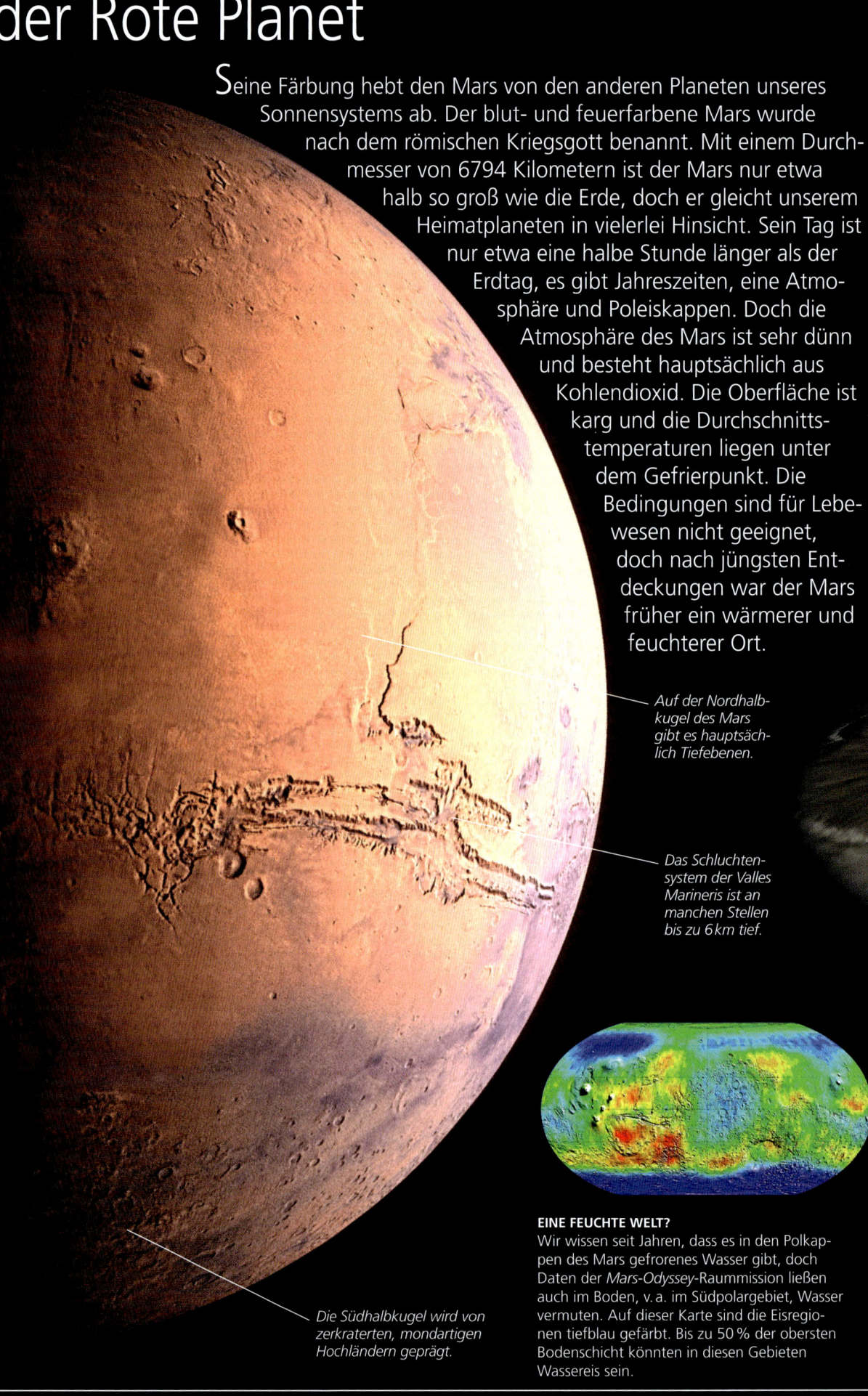

Mars, der Rote Planet

Seine Färbung hebt den Mars von den anderen Planeten unseres Sonnensystems ab. Der blut- und feuerfarbene Mars wurde nach dem römischen Kriegsgott benannt. Mit einem Durchmesser von 6794 Kilometern ist der Mars nur etwa halb so groß wie die Erde, doch er gleicht unserem Heimatplaneten in vielerlei Hinsicht. Sein Tag ist nur etwa eine halbe Stunde länger als der Erdtag, es gibt Jahreszeiten, eine Atmosphäre und Poleiskappen. Doch die Atmosphäre des Mars ist sehr dünn und besteht hauptsächlich aus Kohlendioxid. Die Oberfläche ist karg und die Durchschnittstemperaturen liegen unter dem Gefrierpunkt. Die Bedingungen sind für Lebewesen nicht geeignet, doch nach jüngsten Entdeckungen war der Mars früher ein wärmerer und feuchterer Ort.

Auf der Nordhalbkugel des Mars gibt es hauptsächlich Tiefebenen.

Das Schluchtensystem der Valles Marineris ist an manchen Stellen bis zu 6 km tief.

EINE FEUCHTE WELT?
Wir wissen seit Jahren, dass es in den Polkappen des Mars gefrorenes Wasser gibt, doch Daten der *Mars-Odyssey*-Raummission ließen auch im Boden, v. a. im Südpolargebiet, Wasser vermuten. Auf dieser Karte sind die Eisregionen tiefblau gefärbt. Bis zu 50 % der obersten Bodenschicht könnten in diesen Gebieten Wassereis sein.

Die Südhalbkugel wird von zerkraterten, mondartigen Hochländern geprägt.

ERFORSCHUNG DER OBERFLÄCHE

Die Marsoberfläche wurde bis heute besser erforscht als die irgendeines anderen Planeten außer der Erde. Raumsonden wie *Mars Express* (seit 2003) fotografierten die Marslandschaft von einer Umlaufbahn und Landeeinheiten wie beiden *Vikings* (1976) und *Mars Pathfinder* (1997) nahmen sie aus der Nähe auf. Die Bilder (unten) zeigen rötliche Steine auf sandigem Boden. *Mars Pathfinder* setzte den Marsrover *Sojourner* ab, der ein altes Wasserbett erforschte. Die beiden identischen Marsrover *Spirit* und *Opportunity* suchen seit Januar 2004 nach Anzeichen, dass früher einmal Wasser auf dem Mars floss.

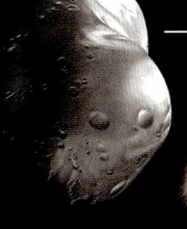

Phobos

Deimos

HÖLLENHUNDE

Die beiden Marsmonde Phobos und Deimos („Angst" und „Schrecken") sind recht klein – Phobos' Durchmesser beträgt etwa 26 km, Deimos'etwa 16 km. Es handelt sich wohl um von der Schwerkraft des Mars eingefangene Asteroiden, die meist dunkel und kohlenstoffreich sind.

Mit Felsbrocken übersäte Landschaft im Gebiet von Ares Vallis

Marsrover
Sojourner

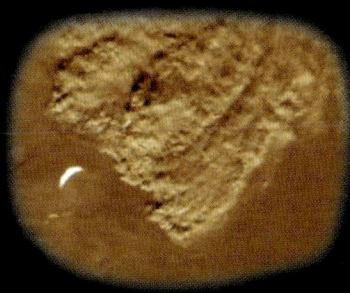

DER HÖCHSTE GIPFEL

Olympus Mons ist der größte von vier großen Vulkanen in der Nähe des Marsäquators. Er ragt 24 km über seine Umgebung und erreicht damit fast die vierfache Höhe des Mount Everest. Am Grund hat er einen Durchmesser von 600 km, auf seinem Gipfel eine Caldera (Einsturzkrater) von 90 km Durchmesser. Der letzte Ausbruch war möglicherweise vor 25 Mio. Jahren.

DAS WETTER AUF DEM MARS

Wenngleich der Mars nur eine dünne Atmosphäre hat, blasen doch oft starke Winde mit Geschwindigkeiten von bis zu 300 km/h über die Oberfläche. Sie wirbeln feine Staubpartikel zu Staubstürmen auf, die oft den ganzen Planeten einhullen.

Tödlicher
Hitzestrahl

Marsianische
Kriegsmaschine

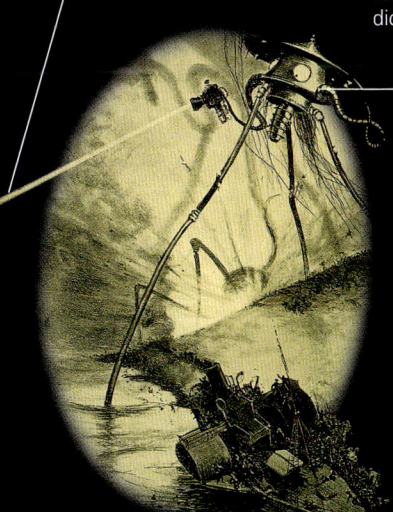

DIE MARSMENSCHEN KOMMEN

Die Überlegungen, verzweifelte Marsbewohner müssten im immer feindlicheren Klima des Mars um ihr Überleben kämpfen, beflügelten die Fantasie vieler Menschen, so auch die des englischen Schriftstellers H. G. Wells. 1898 veröffentlichte er einen Science-Fiction-Roman mit dem Titel *Krieg der Welten*. Darin fallen Marsbewohner mit schrecklichen, unbesiegbaren Kriegsmaschinen auf der Erde ein. Eine meisterhafte Hörspielfassung von Orson Welles im Stil einer Nachrichtensendung ließ 1938 in den USA Panik ausbrechen.

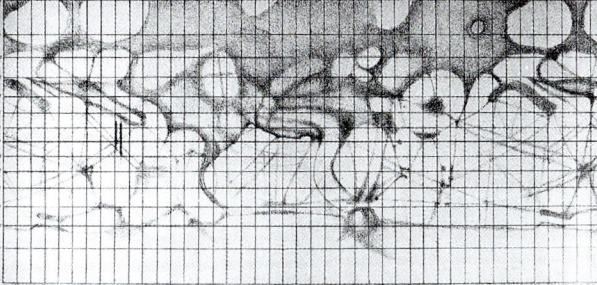

DIE MARSKANÄLE

Der italienische Astronom Giovanni Schiaparelli (1835–1910) beschrieb 1877 *canali* (Rillen) auf dem Mars. Damit schürte er die Fantasie, eine sterbende Marsbevölkerung habe Bewässerungskanäle in das verdorrende Land gegraben. Daran glaubte auch Percival Lowell, der das Kanalsystem kartierte.

Illustration aus *Krieg der Welten* von 1907

Jupiter, der König der Planeten

Jupiter ist der größte Planet in unserem Sonnensystem und ist masse-reicher als alle anderen Planeten zusammen. Der Gasriese hat eine Atmosphäre aus Wasserstoff und Helium über einem gewaltigen Meer von flüssigem Wasserstoff. Er erscheint farbenprächtig mit dunklen und blassen Bändern, den Gürteln und Zonen. Dabei handelt es sich um Wolken, die von der schnellen Rotation des Planeten – Jupiter dreht sich in weniger als 10 Stunden um seine Achse – gezogen werden. Die schnelle Umdrehung führt auch dazu, dass der Planet am Äquator stark ausgebeult ist. Mindestens 63 Monde umkreisen den Planeten, die größten sind die vier Galileischen Monde. Jupiter ist auch von einem Ring-system umgeben, doch ist es schmal und zu schwach, als dass man es von der Erde aus sehen könnte.

KÖNIG DER GÖTTER
Jupiter ist der passende Name für den König der Planeten, denn Jupiter war der König der Götter in der römischen Mythologie. Die alten Griechen nannten ihn Zeus und erzählten Geschichten von seinen zahllosen Eroberungen. Alle Jupitermonde außer Amalthea sind nach Geliebten des Zeus benannt.

Die Antenne sendet Daten zurück zur Erde und empfängt Aufträge.

Die Raumsonde wird mithilfe von Kernkraft angetrieben.

Wissen-schaftliche Instrumente

GALILEO ZUM JUPITER
Die US-Raumsonde *Galileo* ging 1995 nach fünfjähriger Reise durchs Weltall in eine Umlaufbahn um den Jupiter. *Galileo* bestätigte, dass die Jupiteroberfläche aus Wolken von Ammoniakeis besteht. Sie maß Winde in der Atmosphäre, die bis zu 650 km/h erreichten. Und sie machte Fotos vom Jupitermond Europa, die vermuten lassen, dass unter seiner Eis-oberfläche ein Ozean existiert.

Die Erde im gleichen Maßstab

GROSSER ROTER FLECK
Den Großen Roten Fleck beobachtet man seit über 300 Jahren. Es scheint sich um einen riesigen Wirbelsturm zu handeln, der sich mit hoher Geschwindigkeit gegen den Uhrzeigersinn dreht. Er erhebt sich 8 km über die umliegenden Wolken. Seine Größe ändert sich, durchschnittlich beträgt sein Durchmesser 40 000 km. Die helle rote Farbe wird möglicherweise von Phosphor oder Kohlenstoffverbindungen hervorgerufen.

KOMETENAUFPRALL
Im Juli 1994 prallten etwa 20 Bruchstücke des Kometen Shoemaker-Levy 9 auf den Jupiter. Dadurch wurden gewaltige Feuerbälle von bis zu 4000 km Durchmesser in die Atmo-sphäre geschleudert. Die „Narben" blieben wochenlang sichtbar.

Durch ein Kometenbruchstück verursachter Einschlagskrater und die daraus entstandene Narbe

Schwefelbedeckte Oberfläche

IO

Der farbenprächtigste Mond des Sonnensystems, Io, ist mit Schwefelströmen aus vielen Vulkanen bedeckt. Vulkanausbrüche schleuderten Schwefeldioxidwolken bis zu 250 km in die Höhe. Mit einem Durchmesser von 3643 km ist Io etwa so groß wie unser Mond.

Vulkanausbruch auf Io

Die Oberfläche von Europa reflektiert Licht gut.

EUROPA

Europa hat einen Durchmesser von etwa 3130 km und eine Eisoberfläche, die einem Netz zusammengefrorener Eisschollen gleicht. Darunter könnte ein flüssiges Meer liegen, das möglicherweise Leben beheimatet. Sowohl Europa als auch Io werden durch die Wechselwirkung der Anziehungskräfte des Jupiters und seiner Monde ständig verformt und dadurch aufgeheizt.

Risse im Oberflächeneis von Europa

Möglicherweise sind die hellen Flecken Stellen, an denen Eis aus Ganymeds Innerem aufgestiegen ist.

GANYMED

Ganymed ist mit einem Durchmesser von 5268 km nicht nur der größte Jupitermond, er ist auch der größte im ganzen Sonnensystem, größer als der Planet Merkur. Ganymed besitzt eine Oberfläche aus altem Eis mit dunklen Bereichen und helleren, zerfurchten Regionen. Es gibt viele Krater, von denen die jüngsten weiß erscheinen, weil dort frisches Eis freigelegt wurde. Die Astronomen vermuten, dass Ganymed wie die Erde einen flüssigen Eisenkern besitzt.

Dunkle Gebiete: ältere Oberfläche

CALLISTO

Callisto umkreist den Jupiter in größerem Abstand als Ganymed und ist ein bisschen kleiner (Durchmesser 4806 km). Er sieht jedoch anders aus, denn fast seine ganze Oberfläche ist von Kratern bedeckt. Die Kruste gilt als Jahrmilliarden alt. Aus Abweichungen im Magnetismus des Monds schließen die Astronomen, dass unter der Eiskruste ein salziges Meer liegen könnte.

Dunkle Oberfläche

Helle Krater enthüllen frisches Eis unter der Oberfläche.

GALILEOS MONDE

Der italienische Astronom Galileo Galilei betrachtete 1609 als einer der Ersten den Himmel durch ein Fernrohr. Er sah Berge auf dem Mond, Sonnenflecken und Venusphasen und entdeckte die vier größten Monde des Jupiters, die nach ihm benannt wurden (Galileische Monde).

Saturn, der Beringte

Saturn ist wegen der leuchtenden Ringe, die seinen Äquator umgeben, ein auffälliger Planet. Drei weitere Planeten haben Ringe – Jupiter, Uranus und Neptun – doch sind diese nicht mit denen des Saturns zu vergleichen. Saturn ist der sechste Planet von der Sonne aus. Er umkreist sie in einem durchschnittlichen Abstand von 1427 Millionen Kilometern. Mit 120 536 Kilometern Durchmesser ist er der zweitgrößte Planet unseres Sonnensystems nach Jupiter. Ähnlich wie Jupiter besteht auch Saturn hauptsächlich aus Wasserstoff und Helium, die einen Gesteinskern umgeben. Doch ist Saturn noch weniger dicht als Jupiter und dabei so leicht, dass er im Wasser schwimmen würde. Der Planet selbst gleicht dem Jupiter, ist aber blasser: Die durch die schnelle Rotation ausgezogenen Wolken bilden helle Bänder.

DER ZYKLUS DER RINGE

Die Achse des Saturns ist fast 27° geneigt. Daher sehen wir im Lauf der Wanderung des Planeten um die Sonne das Ringsystem aus unterschiedlichen Winkeln. Zweimal in der fast 30-jährigen Umlaufzeit liegen die Ringe rechtwinklig zur Erde und sind dann kaum noch zu sehen.

B-Ring

Der Schatten des Saturns fällt auf die Ringe.

F-Ring

IM INNERN DER RINGE

Bilder der *Voyager*-Sonden zeigen, dass die Saturnringe aus Tausenden schmaler Ringe bestehen. Diese wiederum werden von Materiebrocken gebildet, die mit hoher Geschwindigkeit um den Planeten kreisen. Diese Brocken bestehen aus schmutzigem Eis. Manche sind nur so klein wie Sandkörner, andere so groß wie große Felsbrocken.

DIE RINGE

Durch ein Fernrohr lassen sich drei Ringe um den Saturn erkennen – von außen nach innen sind dies die Ringe A, B und C. Der breiteste und hellste Ring ist der B-Ring, der schwächste der C-Ring. Der B-Ring ist durch eine Lücke, die Cassini-Spalte, vom A-Ring getrennt. Die schmalere Lücke am Rande des A-Rings nennt man Encke-Spalte. Die Raumsonden *Pioneer 11*, *Voyager 1* und *Voyager 2* entdeckten weitere Ringe – ein sehr zarter D-Ring reicht vom C-Ring bis fast zu den oberen Wolkenschichten des Saturns, die F-, G- und E-Ringe liegen jenseits des A-Rings. Das Ringsystem erstreckt sich insgesamt etwa 3,5-mal so weit wie der Durchmesser des Saturns.

Ringschatten auf dem Planeten

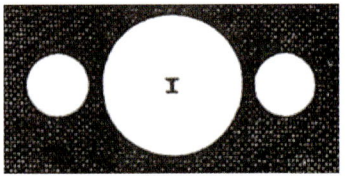
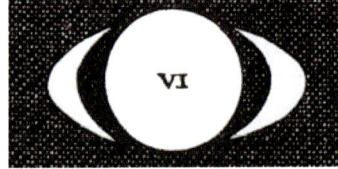
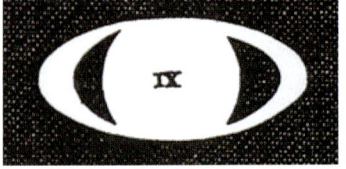

GEHEIMNISVOLLER PLANET

Das ungewöhnliche Erscheinungsbild des Saturns verwirrte die alten Astronomen. In seinem Buch *Systema Saturnium* (1659) stellt Christiaan Huygens Zeichnungen von verschiedenen Astronomen, beginnend mit Galilei (I), zusammen. Er kam zu dem Schluss, der Planet sei von einem dünnen, flachen Ring umgeben.

GIOVANNI CASSINI

Ende des 17. Jh. glaubten die Astronomen, die Ringe des Saturns müssten fest oder flüssig sein. Doch 1675 kamen Zweifel auf, als der italienische Astronom Giovanni Domenico Cassini (1625–1712) eine dunkle Linie im Saturnring entdeckte. Dies belegte, dass es eine Lücke zwischen zwei Ringen gab, und diese wurde als Cassini-Spalte bekannt. Cassini erkannte, dass die Ringe nicht fest sein konnten, doch erst im 19. Jh. entschlüsselte man ihren wahren Aufbau.

Durch die schnelle Umdrehung beult sich der Saturn am Äquator aus.

STÜRMISCH
Mit hohen Geschwindigkeiten und in entgegengesetzten Richtungen strömen Gase um den Planeten. An den Grenzen zwischen den Strömen wird die Atmosphäre aufgewirbelt und tosende Stürme brechen aus. Die Bänder auf diesem Falschfarbenbild sind drei solcher Gebiete.

SCHNEEWEISS
Mit einem Durchmesser von etwa 500 km ist Enceladus der sechstgrößte der 60 Monde des Saturns und bei Weitem der hellste. Teile seiner eisigen Oberfläche sind mit Kratern und Rillen übersät, doch der größte Teil ist glatt und geologisch jünger.

B-Ring

Cassini-Spalte

D-Ring

C-Ring

Innerer A-Ring

Encke-Spalte

Äußerer A-Ring

Dichte orangefarbene Wolken versperren den Blick auf die Titanoberfläche.

EIN MOND SO GROSS WIE EIN PLANET
Der größte Saturnmond, Titan, ist mit einem Durchmesser von 5150 km größer als der Merkur und nach Ganymed der zweitgrößte Mond unseres Sonnensystems. Er ist auch deshalb einzigartig, weil man durch seine dicke Atmosphäre nur mit langwelligem Licht wie Infrarot dringt.

Infrarotbild der Titanoberfläche

UNTER DEN WOLKEN
Die Atmosphäre des Titan besteht vorwiegend aus Wasserstoff mit Spuren anderer Gase wie Methan. Die Sonde *Huygens* stieg 2005 durch seine Atmosphäre ab, landete auf Titan und entdeckte Fluss- und Kanalbetten. Im Juli 2006 nahm die Raumsonde *Cassini* (oben rechts) während eines Vorbeiflugs Seen aus flüssigem Methan auf.

Neue Welten

Jahrhundertelang dachte niemand, dass es im Dunkel jenseits des Saturns Planeten geben könne. Doch im März 1781 entdeckte Wilhelm Herschel einen solchen Himmelskörper. Dieser später Uranus genannte siebte Planet umkreist die Sonne in einer mittleren Entfernung von 2875 Millionen Kilometern. Damit war er doppelt so weit von ihr entfernt wie Saturn! So hatte Herschels Entdeckung die den Menschen bekannte Größe des Sonnensystems verdoppelt. Unregelmäßigkeiten in der Umlaufbahn des Uranus ließen vermuten, dass die Schwerkraft eines anderen Planeten wirkte. Diesen Planeten, Neptun, entdeckte schließlich 1846 Johann Galle von der Berliner Sternwarte. 1930 fand Clyde Tombaugh vom Lowell-Observatorium in Arizona den Himmelskörper Pluto, der bis 2006 als neunter Planet galt.

VERWINKELTE WELTEN
Uranus ist mit etwa 51 118 km Durchmesser der drittgrößte Planet. Größe und Zusammensetzung gleichen der von Neptun. Beide haben eine dicke Atmosphäre und darunter warme Meere. Doch sie unterscheiden sich in einem wichtigen Punkt: Neptun kreist mehr oder weniger aufrecht, Uranus ist so stark geneigt, dass er fast liegend die Sonne umrundet.

Fast konturlose Atmosphäre

Das Methan in der oberen Atmosphäre absorbiert rotes Licht und verleiht dem Planeten so seine blaugrüne Farbe

FORSCHER IN DEN TIEFEN DES ALLS
Das meiste von dem, was wir über die Zwillingsplaneten Uranus und Neptun wissen, stammt von der Raumsonde *Voyager 2*. Sie wurde 1977 gestartet und besuchte über zwölf Jahre die vier Gasriesen. Nach Jupiter und Saturn flog sie 1986 am Uranus vorbei, drei Jahre später am Neptun. Als *Voyager 2* den Neptun erreichte, hatte sie 7 Mrd. km zurückgelegt – und arbeitete noch immer perfekt.

Kameras

Messinstrumente

Antennenschüssel

Magnetometerbaum

Trittsiegelartige Oberfläche

Rissige Kruste

Miranda

Ariel

RISSIGE MONDE
Uranus hat mindestens 27 unterschiedliche Monde aus Gestein und Eis. Die Oberfläche von Ariel weist tiefe Risse auf. Miranda zeigt die unterschiedlichsten Oberflächenstrukturen. Manche glauben, dieser Mond sei einmal auseinandergebrochen und dann wieder zusammengewachsen.

In den Wolken sinkt bis zu –210 °C kalt

Wasserstoff und Helium sind die Hauptgase der Atmosphäre.

BLAUER PLANET

Neptun liegt 1,6 Mrd. km jenseits des Uranus. Mit einem Durchmesser von 49 532 km ist er etwas kleiner als sein innerer Nachbar und auch sein Ringsystem ist nicht so ausgeprägt. Die Atmosphäre ist mit hellen Wolken gesprenkelt, manchmal auch mit dunklen, ovalen Sturmgebieten. Sie ist blauer als die des Uranus, weil sie mehr Methan enthält, das rotes Licht absorbiert. *Voyager 2* stellte 1989 einen gewaltigen Sturm fest. Eine so bewegte Atmosphäre erfordert Wärme. Die aus dem Inneren aufsteigende Wärme hält die Wolkentemperatur etwa so hoch wie beim Uranus, obwohl Neptun sonnenferner ist.

Die dunklen Flecken liegen tiefer in der Atmosphäre als die hellen Hochgeschwindigkeitsstreifen.

Wolkentemperatur bis zu –210 °C

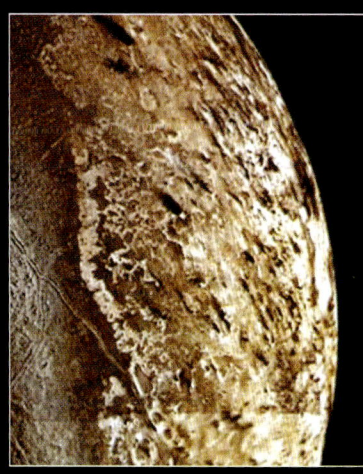

TRITONS GEYSIRE

Triton ist mit 2710 km Durchmesser der größte der 13 Neptunmonde – eine tiefgefrorene Welt, ähnlich dem Pluto. Beide stammen möglicherweise aus dem gleichen Schwarm von Asteroiden, die jenseits des Neptuns die Sonne umkreisen. Tritons Oberfläche ist mit Stickstoffeis und Methan bedeckt und erstaunlicherweise treten dort „heiße Quellen" aus. Diese Geysire spucken Stickstoffgas und Staub.

BERECHNET

Johann Galle entdeckte Neptun 1846, nachdem der französische Mathematiker Urbain Leverrier (1811–1877) seine Lage berechnet hatte. Der Brite John Couch Adams (1819–1892) hatte ein Jahr zuvor ähnliche Berechungen angestellt, doch hatte niemand sie verwendet.

RÉPUBLIQUE FRANÇAISE

POSTES

12F

1811 LE VERRIER 1877

Um den Uranusäquator befinden sich insgesamt 13 Ringe, manche sind fast nicht wahrnehmbar.

Die Ringpartikel haben im Mittel einen Durchmesser von 1 m.

Charon umrundet den Pluto in 6 Tagen und 9 Stunden.

Der äußerste Ring ist am hellsten.

EISIGE AUSSENWELTEN

Pluto wird seit August 2006 als Zwergplanet klassifiziert. Er ist mit einem Radius von 1195 km kleiner als der Erdmond und besitzt drei Monde – Charon, der ungefähr halb so groß ist wie er, und die winzigen Nix und Hydra. Der Zwergplanet besteht aus Eis und Gestein und seine Oberfläche bedecken gefrorener Stickstoff und Methan. Pluto befindet sich 20 Jahre während seines 248-jährigen Umlaufs näher an der Sonne als Neptun. Bis 1999 bewegte er sich innerhalb der Neptunbahn.

Pluto liegt durchschnittlich 5900 Mio. km von der Sonne entfernt.

Asteroiden, Meteore und Meteoriten

Die nach der Sonne, den Planeten, ihren Monden und den Zwergplaneten größten der vielen Himmelskörper in unserem Sonnensystem sind die Gesteinsbrocken, die wir Asteroiden nennen. Sie ziehen ihre Bahnen relativ nahe an der Sonne. Schwärme kleinerer eisiger Körper finden sich am Rande des Sonnensystems. Gelegentlich wandern einige davon Richtung Sonne, wobei sie erwärmen und einen Schweif aus Gas und Staub hinter sich herziehen: Kometen (S. 40). Bei Asteroidenzusammenstößen brechen Stücke ab, Kometen hinterlassen eine Staubspur. Diese Asteroiden- und Kometenteilchen (Meteoride) erfüllen den interplanetaren Raum. Wenn sie in den Bann der Erde geraten und in die Erdatmosphäre eintreten, verglühen sie meist als Sternschnuppen (Meteore). Selten schlägt ein Meteor auf dem Erdboden auf, dann nennt man ihn Meteorit.

Der Asteroid Ida

DER ASTEROIDENGÜRTEL
Bisher hat man über 200 000 Asteroiden entdeckt, doch gibt es Milliarden. Die meisten umkreisen die Sonne in einem breiten Band, das zwischen den Umlaufbahnen von Mars und Jupiter liegt. Das Zentrum des Gürtels ist etwa 400 Mio. km von der Sonne entfernt. Manche Asteroiden geraten jedoch auf Abwege und begeben sich auf Bahnen, die sie innerhalb der Umlaufbahn der Erde oder außerhalb der des Saturns bringen.

VIELFALT AN ASTEROIDEN
Selbst der größte Asteroid, Ceres, hat nur einen Durchmesser von 930 km, das ist weniger als ein Drittel des Monds. Die nächstgrößten Asteroiden, Pallas und Vesta, sind nur etwa halb so groß wie Ceres. Die meisten sind noch kleiner. So ist Ida z. B. nur 58 km lang, Gaspra 19 km. Diese beiden waren die ersten Asteroiden, die die Raumsonde *Galileo* auf ihrem Weg zum Jupiter fotografierte. Gaspra besteht wie viele Asteroiden hauptsächlich aus Silikatgestein, Idas Aufbau ist noch unbekannt. Andere Asteroiden bestehen vorwiegend aus Metall oder einer Mischung aus Gestein und Metall.

Stück eines Eisen-Nickel-Meteoriten

SUCHTRUPP
1800 gründeten Franz von Zach und Hieronymus Schröter die Vereinigte Astronomische Gesellschaft, der 24 Astronomen angehörten. Ziel dieser „Himmelspolizei" war es, einen in der „Lücke" zwischen Mars und Jupiter vermuteten Planeten zu finden. Der italienische Astronom Giuseppe Piazzi stieß dann in der Neujahrsnacht 1801 zufällig auf diesen „Planeten", den er Ceres nannte. Er erwies sich als der erste gefundene Asteroid und wurde 2006 als Zwergplanet eingestuft

Giuseppe Piazzi
(1746–1826)

METALLGEWINNUNG
Die metallischen Asteroiden enthalten viel Eisen, aber auch Nickel und andere Metalle, die auf der Erde relativ selten sind. In den Asteroiden kommen die Metalle rein vor, nicht in Erzen wie auf der Erde, und man kann sie somit leichter gewinnen. Wenn die Vorräte an diesen seltenen Metallen auf der Erde zur Neige gehen, könnte man, so die Vision einiger Forscher, Astronauten mit Robotern zu den Asteroiden schicken, um dort Metalle abzubauen. Die ersten Ziele wären natürlich die erdnahen Asteroiden.

Eros

Raum-
sonde
NEAR-
Shoe-
maker

LANDUNG AUF EROS
Im Februar 2001 gelang der Raumsonde NEAR-
Shoemaker eine Meisterleistung: Sie landete auf
dem Asteroiden Eros, einem nur 33 km langen
Gesteinsbrocken. *NEAR (Near-Earth Asteroid
Rendezvous)* hatte den Asteroiden
zuvor ein Jahr lang umkreist.

*Die tief zerklüftete Ober-
fläche von Ida entstand
möglicherweise, als
der Asteroid vor
Jahrmillionen von
einem größeren
Asteroiden
abbrach.*

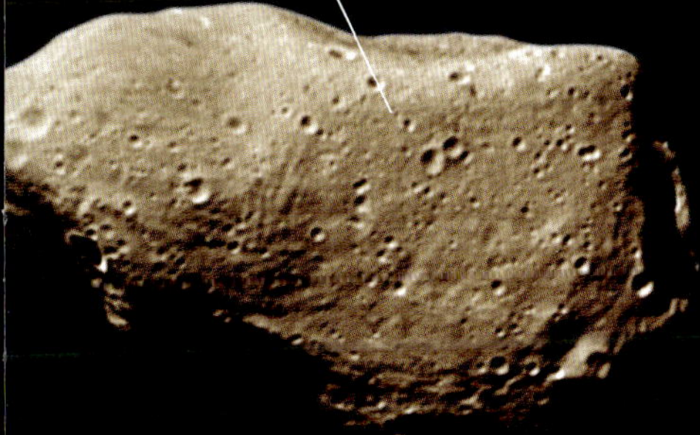

METEORSCHAUER
Die kurzlebigen Licht-
streifen am Himmel sind
Meteore. Sie stammen
von Meteoriden und sind
normalerweise etwas
größer als Sandkörner.
Sobald sie in die Erd-
atmosphäre eindringen,
stoßen sie mit Molekülen
zusammen und verglühen.
Bis zu zehn Meteore
kann man jede Nacht
stündlich beobachten,
deren Zahl sich jedoch
bei Meteorschauern auf
Tausende erhöht.

Leonidenstrom über den
Niagarafällen 1833

*In einer felsfreien
Umgebung fallen
Meteoriten leichter auf.*

*Der NASA-Roboter NOMAD wurde
für die „Meteoritenjagd" in lebens-
feindlichen Gebieten gebaut.*

METEORITENSUCHER
Die Antarktis hat sich für Meteoritenjäger als vielversprechend
erwiesen. Die Meteoriten, die den Eintritt in die Erdatmosphäre
überstanden haben, sind hier durch Eis und raue Winde über weite
Flächen verstreut.

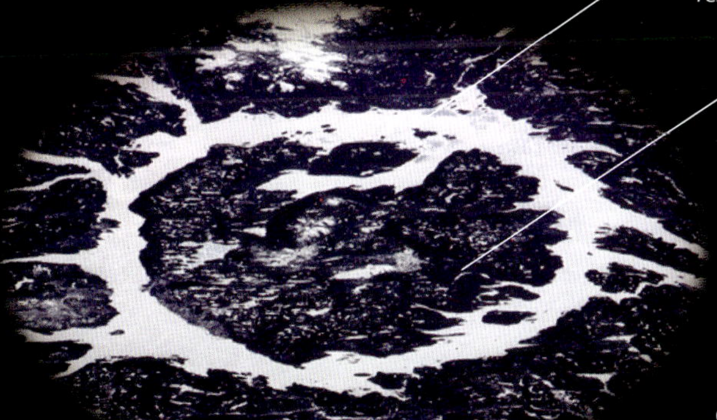

*Gaspra weist weniger
Krater auf als Ida.*

*Der Krater ist heute ein
See, der als Wasser-
reservoir dient.*

*Im Kraterboden
könnten sich reiche
Nickelvorkommen
verbergen.*

Der Asteroid
Gaspra

Der Manicouagan-
Krater in Quebec

Mikroskopische Aufnahme
von Kristallen in einem
Gesteinsmeteoriten

IM INNEREN VON
METEORITEN
Die meisten Meteo-
riten, die man auf der
Erde gefunden hat, sind
aus Gesteinsmaterial. Doch
die ganz großen bestehen
aus Metall, vorwiegend Eisen
und Nickel. Der größte je gefundene
Meteorit ist der Hoba-Meteorit in Groot-
fontein (Namibia), der fast 60 t wiegt. Manche
Meteoriten enthalten viele Kohlenstoffverbindungen, die Grundbausteine des Lebens.

METEORKRATER
Gelegentlich prallen
große Meteoriten auf die
Erde und schlagen Krater.
Durch solch einen Meteoriteneinschlag entstand dieser Krater
in Kanada vor etwa 200 Mio Jahren,
indem sich seither Eis gesammelt hat. Am besten
erhalten ist der etwa 50 000 Jahre alte Meteorkrater in der Wüste
von Arizona mit einem Durchmesser von 1265 m und 175 m Tiefe.

Schweifsterne

In den äußeren Regionen des Sonnensystems gibt es große Wolken aus eisigem Schutt, Reste aus der Zeit, als das Sonnensystem entstand. Jeder dieser Eisbrocken ist ein stadtgroßer Kometenkern. Diese schmutzigen Schneebälle bleiben so lange unsichtbar, bis sie sich der Sonne nähern und von ihr erwärmt werden. Sie entwickeln dann große Koma und jeweils zwei Schweife, die sichtbar werden. Sie können heller leuchten als die strahlendsten Sterne und Schweife entwickeln, die sich über Millionen von Kilometern erstrecken. Kometen scheinen aus dem Nichts aufzutauchen. Deshalb glaubten die Menschen früher, dass sie von kommendem Unheil, wie Hungersnot, Krankheit, Tod und Zerstörung, kündeten.

ALLE 76 JAHRE WIEDER
Auf seinem berühmten Fresko *Anbetung der Könige* stellte der florentinische Maler Giotto (1267–1337) den Stern von Bethlehem als Kometen dar. Giotto hatte 1301 den Halleyschen Kometen gesehen, der auf seiner Umlaufbahn alle 76 Jahre einmal in Erdnähe gelangt. Seit 240 v. Chr. werden alle seine periodischen Auftritte beobachtet und aufgezeichnet.

Gasschwaden treten aus der Oberfläche aus.

DER KERN EINES KOMETEN
Im März 1986 machte die Raumsonde *Giotto* spektakuläre Nahaufnahmen vom Halleyschen Kometen. Sie zeigten u. a. Gasausbrüche aus dem Kometenkern. Der kartoffelförmige Kern ist etwa 16 km lang und ungefähr halb so breit. Die unebene Oberfläche ist scheinbar mit Bergen und Kratern bedeckt. Sie ist zudem sehr dunkel. Untersuchungen der ausgestoßenen Gase ergaben, dass 80 % von ihnen Wasserdampf sind. Es gibt auch Spuren organischer Verbindungen, und manche Astronomen glauben, dass Kometen diese Bausteine des Lebens überall in der Galaxie verteilen.

Die dunkle Oberfläche absorbiert Sonnenwärme.

Der Gasschweif wird durch Sonnenwinde von der Sonne weggetrieben.

Dunkler Staub bedeckt den Kern.

Der Gasschweif glüht, wenn Sonnenwind Gaspartikel aus dem Kometen wegweht.

Der Kern ist in der glühenden Koma des Kometen verborgen.

ZERBRECHLICHE SCHNEEBÄLLE
Wie in Schneebällen haften die Teilchen eines Kometen nicht fest aneinander und daher brechen oft Stücke ab. Anfang Juli 1992 zog ein Komet nahe am Jupiter vorbei und wurde von der Anziehungskraft des Riesenplaneten in Stücke gerissen. Im folgenden Frühjahr entdeckten David Levy, Carolyn und Gene Shoemaker die Bruchstücke. Bald war klar, dass dieser zerbrochene Komet, Shoemaker-Levy 9, auf dem Jupiter aufschlagen würde, was im Juli 1994 geschah.

KOMET DES JAHRHUNDERTS
Im Frühjahr 1997 konnte man am Nachthimmel einen der hellsten Kometen des 20. Jh. sehen. Er war zwei Jahre zuvor von den US-Amerikanern Alan Hale und Thomas Bopp entdeckt worden. Der Komet Hale-Bopp leuchtete heller als fast alle Sterne und war wochenlang am Nachthimmel zu sehen. Er besaß zwei gut entwickelte Schweife, die vom leuchtenden Kopf wegströmten: einen geschwungenen gelblichen Staubschweif und einen gestreckteren blauen Gasschweif. Der Kerndurchmesser wurde auf 30–40 km geschätzt, was für einen Kometen sehr groß ist.

KOMETENBAHNEN
Kometen umkreisen die Sonne genau wie die Planeten. Doch ihre Umlaufbahnen liegen normalerweise nicht in einer Ebene. Die meiste Zeit sind Kometen tiefgefroren. Nur wenn sie der Sonne näher kommen als der Saturn, werden sie erwärmt und beginnen zu glühen. Wenn sie noch näher an die Sonne kommen, bilden sie Schweife aus, die immer von der Sonne wegzeigen.

Umlaufbahn des Saturn

Annäherung an die Sonne: Schweif ist hinten.

Entfernung von der Sonne: Schweif ist vorn.

Umlaufbahn des Uranus

Ein kurzperiodischer Komet aus dem Kuiper-Gürtel hat einen Umlauf von wenigen Jahrzehnten.

Umlaufbahn des Neptuns

Ein langperiodischer Komet aus der Oortschen Wolke braucht Jahrhunderte für einen Umlauf.

EDMOND HALLEY
Der englische Astronom Edmond Halley (1656–1742) entdeckte als Erster, dass manche Kometen regelmäßig in Erdnähe kommen. Er beobachtete 1682 einen Kometen, und nachdem er die Bahnen verschiedener Kometen überprüft hatte, kam er zu dem Schluss, dass dieser Komet schon 1531 und 1607 zu sehen gewesen war. Er sagte voraus, dass er 1758 wiederkehren werde. Als der Komet wie vorhergesagt erschien, wurde er nach seinem Entdecker benannt.

Der Staubschweif ist aufgrund der Sonnenanziehung geschwungen.

Der Staubschweif besteht aus Kometenstaubteilchen, die das Sonnenlicht reflektieren.

KOMETENRESERVOIRS
Kometen wandern von den äußeren Regionen des Sonnensystems Richtung Sonne. Viele kommen aus dem Kuiper-Gürtel, einer Region, die sich über 3 Mrd. km oder noch weiter jenseits der Umlaufbahn des Neptuns erstreckt. Andere kommen von noch viel weiter her, z. B. aus der Oortschen Wolke, die das Sonnensystem in einem Abstand von 15 Bio. km von der Sonne umschließt.

DAS TUNGUSKA-EREIGNIS
Am 30. Juni 1908 gab es in Sibirien in der Nähe des Flusses Steinige Tunguska eine gewaltige Explosion. Es gab einen hellen Feuerschein und eine Druckwelle wie bei einer Atomexplosion. Augenblicklich waren 60 000 Bäume entwurzelt und verkohlt. Niemand weiß genau, was damals passierte. Möglicherweise sind Teile eines Kometenkerns in die Erdatmosphäre eingedrungen und etwa 6 km über dem Boden explodiert.

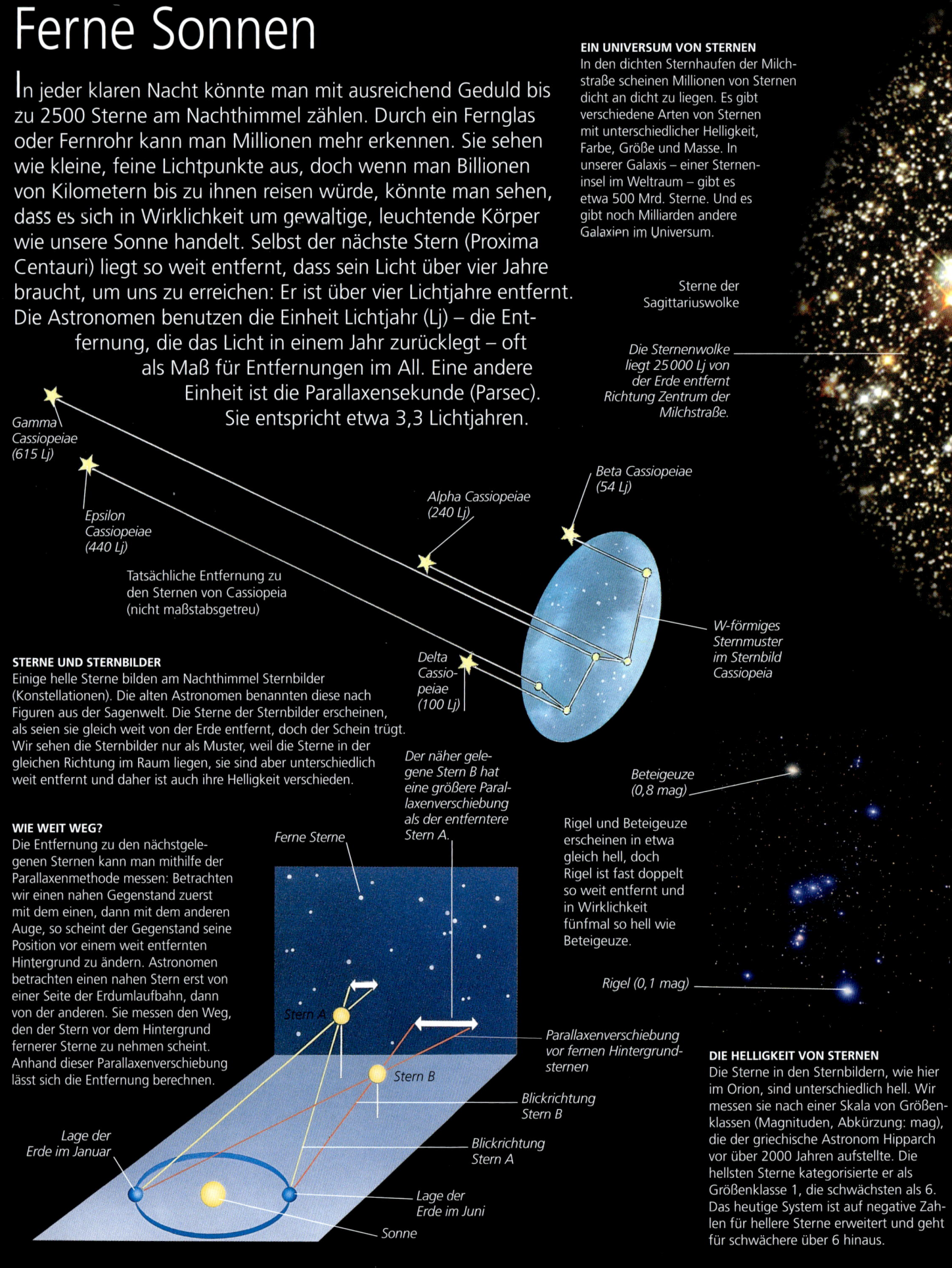

Ferne Sonnen

In jeder klaren Nacht könnte man mit ausreichend Geduld bis zu 2500 Sterne am Nachthimmel zählen. Durch ein Fernglas oder Fernrohr kann man Millionen mehr erkennen. Sie sehen wie kleine, feine Lichtpunkte aus, doch wenn man Billionen von Kilometern bis zu ihnen reisen würde, könnte man sehen, dass es sich in Wirklichkeit um gewaltige, leuchtende Körper wie unsere Sonne handelt. Selbst der nächste Stern (Proxima Centauri) liegt so weit entfernt, dass sein Licht über vier Jahre braucht, um uns zu erreichen: Er ist über vier Lichtjahre entfernt. Die Astronomen benutzen die Einheit Lichtjahr (Lj) – die Entfernung, die das Licht in einem Jahr zurücklegt – oft als Maß für Entfernungen im All. Eine andere Einheit ist die Parallaxensekunde (Parsec). Sie entspricht etwa 3,3 Lichtjahren.

EIN UNIVERSUM VON STERNEN
In den dichten Sternhaufen der Milchstraße scheinen Millionen von Sternen dicht an dicht zu liegen. Es gibt verschiedene Arten von Sternen mit unterschiedlicher Helligkeit, Farbe, Größe und Masse. In unserer Galaxis – einer Sterneninsel im Weltraum – gibt es etwa 500 Mrd. Sterne. Und es gibt noch Milliarden andere Galaxien im Universum.

Sterne der Sagittariuswolke

Die Sternenwolke liegt 25 000 Lj von der Erde entfernt Richtung Zentrum der Milchstraße.

Gamma Cassiopeiae (615 Lj)

Epsilon Cassiopeiae (440 Lj)

Tatsächliche Entfernung zu den Sternen von Cassiopeia (nicht maßstabsgetreu)

Alpha Cassiopeiae (240 Lj)

Beta Cassiopeiae (54 Lj)

W-förmiges Sternmuster im Sternbild Cassiopeia

STERNE UND STERNBILDER
Einige helle Sterne bilden am Nachthimmel Sternbilder (Konstellationen). Die alten Astronomen benannten diese nach Figuren aus der Sagenwelt. Die Sterne der Sternbilder erscheinen, als seien sie gleich weit von der Erde entfernt, doch der Schein trügt. Wir sehen die Sternbilder nur als Muster, weil die Sterne in der gleichen Richtung im Raum liegen, sie sind aber unterschiedlich weit entfernt und daher ist auch ihre Helligkeit verschieden.

Delta Cassiopeiae (100 Lj)

Der näher gelegene Stern B hat eine größere Parallaxenverschiebung als der entferntere Stern A.

Beteigeuze (0,8 mag)

Rigel und Beteigeuze erscheinen in etwa gleich hell, doch Rigel ist fast doppelt so weit entfernt und in Wirklichkeit fünfmal so hell wie Beteigeuze.

Rigel (0,1 mag)

WIE WEIT WEG?
Die Entfernung zu den nächstgelegenen Sternen kann man mithilfe der Parallaxenmethode messen: Betrachten wir einen nahen Gegenstand zuerst mit dem einen, dann mit dem anderen Auge, so scheint der Gegenstand seine Position vor einem weit entfernten Hintergrund zu ändern. Astronomen betrachten einen nahen Stern erst von einer Seite der Erdumlaufbahn, dann von der anderen. Sie messen den Weg, den der Stern vor dem Hintergrund fernerer Sterne zu nehmen scheint. Anhand dieser Parallaxenverschiebung lässt sich die Entfernung berechnen.

Ferne Sterne

Stern A

Stern B

Parallaxenverschiebung vor fernen Hintergrundsternen

Blickrichtung Stern B

Blickrichtung Stern A

Lage der Erde im Januar

Lage der Erde im Juni

Sonne

DIE HELLIGKEIT VON STERNEN
Die Sterne in den Sternbildern, wie hier im Orion, sind unterschiedlich hell. Wir messen sie nach einer Skala von Größenklassen (Magnituden, Abkürzung: mag), die der griechische Astronom Hipparch vor über 2000 Jahren aufstellte. Die hellsten Sterne kategorisierte er als Größenklasse 1, die schwächsten als 6. Das heutige System ist auf negative Zahlen für hellere Sterne erweitert und geht für schwächere über 6 hinaus.

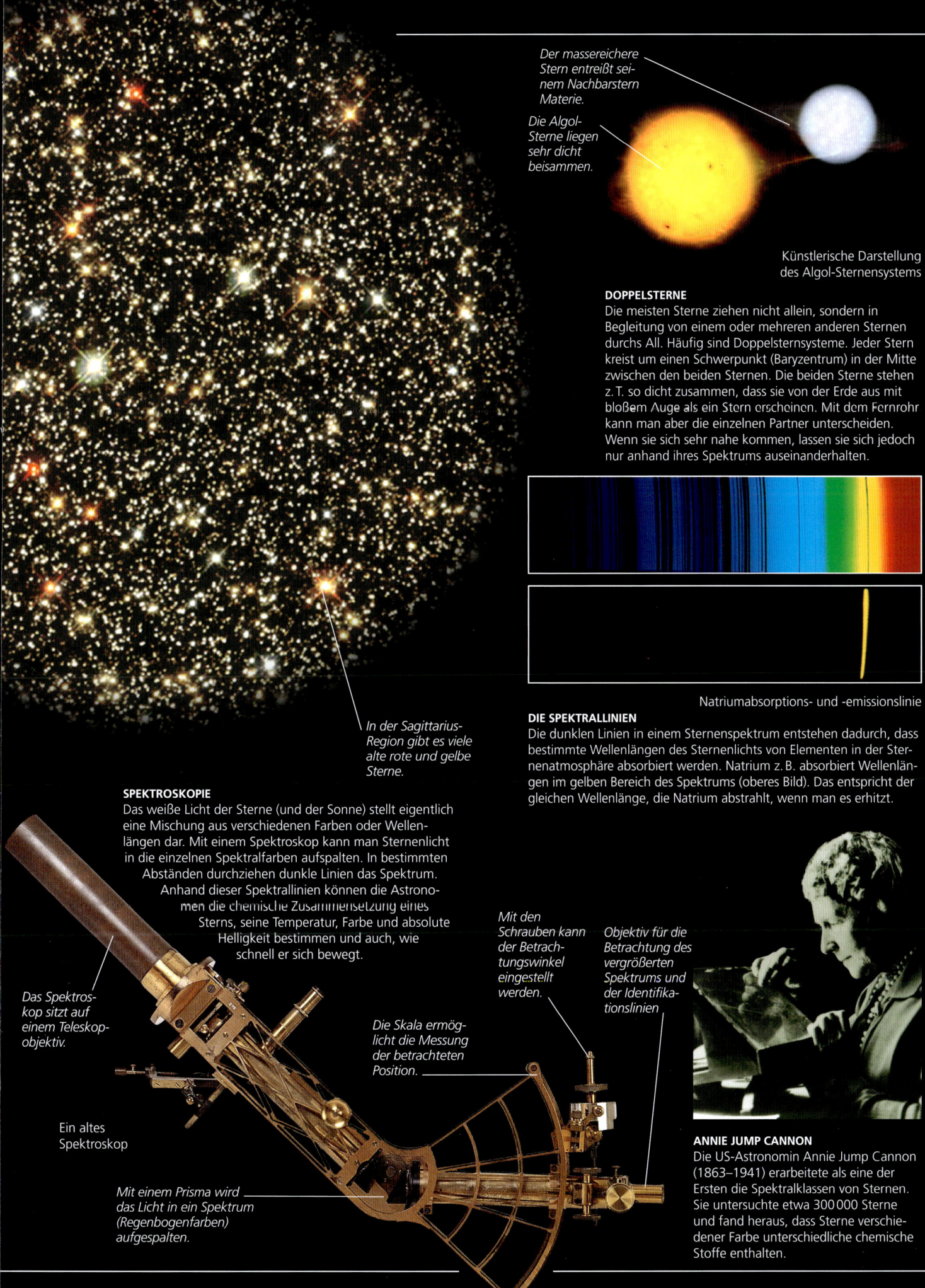

Der massereichere Stern entreißt seinem Nachbarstern Materie.

Die Algol-Sterne liegen sehr dicht beisammen.

Künstlerische Darstellung des Algol-Sternensystems

DOPPELSTERNE

Die meisten Sterne ziehen nicht allein, sondern in Begleitung von einem oder mehreren anderen Sternen durchs All. Häufig sind Doppelsternsysteme. Jeder Stern kreist um einen Schwerpunkt (Baryzentrum) in der Mitte zwischen den beiden Sternen. Die beiden Sterne stehen z. T. so dicht zusammen, dass sie von der Erde aus mit bloßem Auge als ein Stern erscheinen. Mit dem Fernrohr kann man aber die einzelnen Partner unterscheiden. Wenn sie sich sehr nahe kommen, lassen sie sich jedoch nur anhand ihres Spektrums auseinanderhalten.

Natriumabsorptions- und -emissionslinie

DIE SPEKTRALLINIEN

Die dunklen Linien in einem Sternenspektrum entstehen dadurch, dass bestimmte Wellenlängen des Sternenlichts von Elementen in der Sternenatmosphäre absorbiert werden. Natrium z. B. absorbiert Wellenlängen im gelben Bereich des Spektrums (oberes Bild). Das entspricht der gleichen Wellenlänge, die Natrium abstrahlt, wenn man es erhitzt.

In der Sagittarius-Region gibt es viele alte rote und gelbe Sterne.

SPEKTROSKOPIE

Das weiße Licht der Sterne (und der Sonne) stellt eigentlich eine Mischung aus verschiedenen Farben oder Wellenlängen dar. Mit einem Spektroskop kann man Sternenlicht in die einzelnen Spektralfarben aufspalten. In bestimmten Abständen durchziehen dunkle Linien das Spektrum. Anhand dieser Spektrallinien können die Astronomen die chemische Zusammensetzung eines Sterns, seine Temperatur, Farbe und absolute Helligkeit bestimmen und auch, wie schnell er sich bewegt.

Mit den Schrauben kann der Betrachtungswinkel eingestellt werden.

Objektiv für die Betrachtung des vergrößerten Spektrums und der Identifikationslinien

Das Spektroskop sitzt auf einem Teleskopobjektiv.

Die Skala ermöglicht die Messung der betrachteten Position.

Ein altes Spektroskop

Mit einem Prisma wird das Licht in ein Spektrum (Regenbogenfarben) aufgespalten.

ANNIE JUMP CANNON

Die US-Astronomin Annie Jump Cannon (1863–1941) erarbeitete als eine der Ersten die Spektralklassen von Sternen. Sie untersuchte etwa 300 000 Sterne und fand heraus, dass Sterne verschiedener Farbe unterschiedliche chemische Stoffe enthalten.

Sternenvielfalt

Durch die Untersuchung der Spektren kann man Zusammensetzung, Farbe, Temperatur, Geschwindigkeit und Größe der Sterne entschlüsseln. Mithilfe anderer Techniken lassen sich die Entfernung von Sternen und ihre Masse bestimmen. Es gibt Zwerge mit nur einem Hundertstel des Durchmessers der Sonne und Überriesen, die 100-mal so groß sind wie die Sonne. Die leichtesten Sterne sind nur etwa ein Zehntel so schwer wie die Sonne, die schwersten 50-mal so schwer. Die am schwächsten leuchtenden haben nur ein Millionstel der Leuchtkraft der Sonne, die hellsten sind millionenfach heller. Doch es scheint einige Gesetzmäßigkeiten zu geben – rote Sterne leuchten entweder sehr schwach oder sehr hell, die meisten anderen leuchten stärker, je blauer sie sind.

ÜBERRIESEN
Die größten Sterne von allen, mit Hunderten von Millionen Kilometern Durchmesser, sind relativ kühl, aber erstaunlich hell.

GROSSE UND KLEINE
Auf dieser Doppelseite sind die hellsten Sterne oben, die heißesten links, die kühlsten rechts abgebildet. Die Größenunterschiede sind noch gewaltiger als hier dargestellt. Die Sterne werden größer, wenn sie heller werden, die hellsten sind entweder leuchtend blau oder orangerot. Die Farbe eines Sterns hängt von seiner Oberflächentemperatur ab, oder der Energiemenge, die pro Quadratmeter abgegeben wird. Wenn zwei Sterne gleich hell sind, der eine aber kühl und rot, der andere heiß und blau ist, muss der rote viel größer als der blaue sein.

BLAUE STERNE
Sie sind 10-mal größer als die Sonne und 1000-fach heller mit einer Oberflächentemperatur von bis zu 50 000 °C.

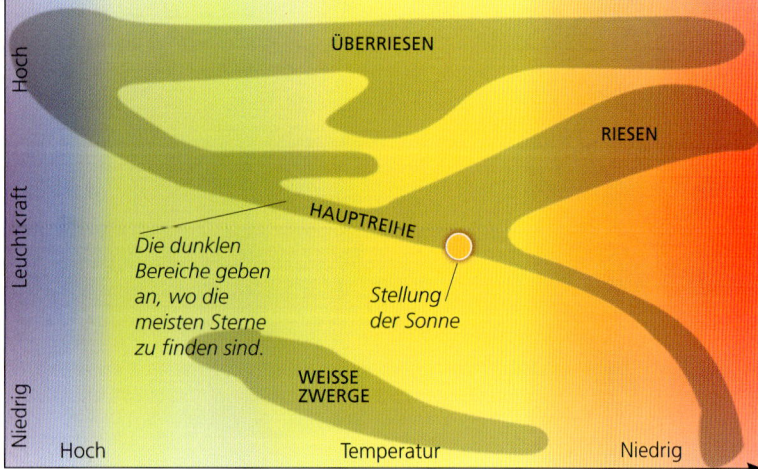

Die dunklen Bereiche geben an, wo die meisten Sterne zu finden sind.

Stellung der Sonne

ÜBERRIESEN

RIESEN

HAUPTREIHE

WEISSE ZWERGE

Leuchtkraft — Hoch / Niedrig

Temperatur — Hoch / Niedrig

WEISSE ZWERGE
Relativ kleine, nur etwa erdgroße Sterne

Hauptreihe

STERNEVOLUTION UND HERTZSPRUNG-RUSSELL-DIAGRAMM
Das Hertzsprung-Russell-Diagramm (HRD) zeigt das Verhältnis zwischen der tatsächlichen Helligkeit der Sterne und ihrer Farbe und Temperatur. Die meisten Sterne finden sich auf einer Linie von schwach rot bis hellblau, die man Hauptreihe nennt. Dort befinden sich die Sterne die meiste Zeit ihres „Lebens". Fast alle Sterne sind die meiste Zeit nahe der Hauptreihe – erst wenn ihr „Lebensende" naht und sie größer und heller werden, entfernen sie sich davon.

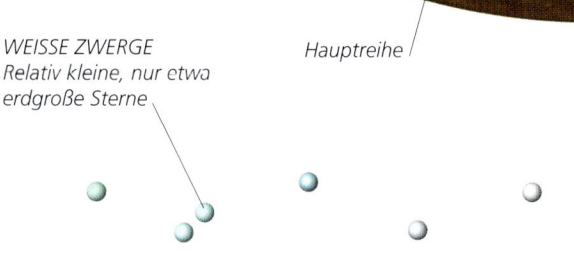

ERSTER ZWERG
Sonnenähnliche Sterne beenden ihr Leben als verblassende Weiße Zwerge. Der schwach leuchtende Sirius B (oberhalb des großen Sirius) war der erste Weiße Zwerg, der entdeckt wurde – von dem US-Astronomen Alvan Clark 1862. Er ist außergewöhnlich heiß und sehr dicht.

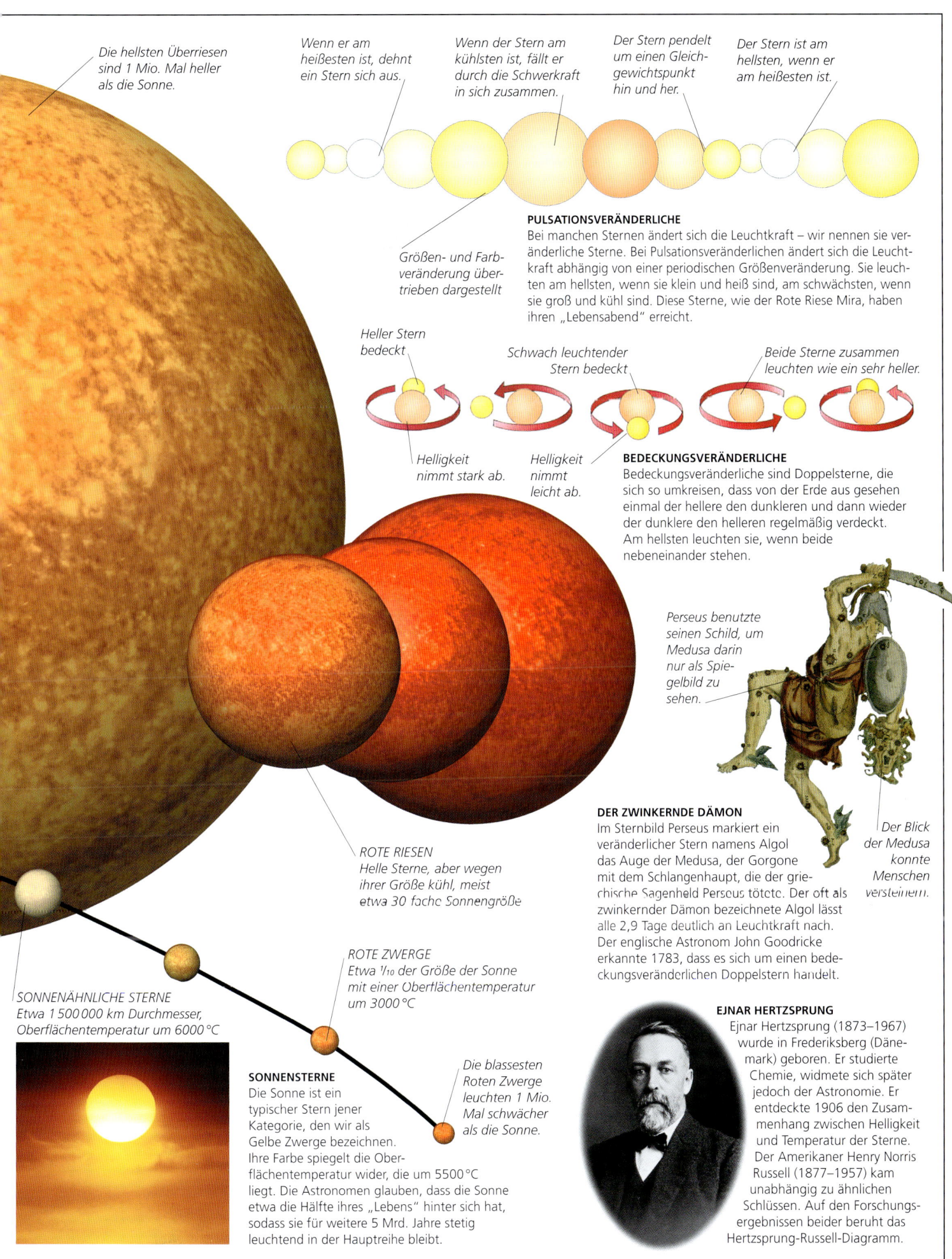

Die hellsten Überriesen sind 1 Mio. Mal heller als die Sonne.

Wenn er am heißesten ist, dehnt ein Stern sich aus.

Wenn der Stern am kühlsten ist, fällt er durch die Schwerkraft in sich zusammen.

Der Stern pendelt um einen Gleichgewichtspunkt hin und her.

Der Stern ist am hellsten, wenn er am heißesten ist.

Größen- und Farbveränderung übertrieben dargestellt

PULSATIONSVERÄNDERLICHE

Bei manchen Sternen ändert sich die Leuchtkraft – wir nennen sie veränderliche Sterne. Bei Pulsationsveränderlichen ändert sich die Leuchtkraft abhängig von einer periodischen Größenveränderung. Sie leuchten am hellsten, wenn sie klein und heiß sind, am schwächsten, wenn sie groß und kühl sind. Diese Sterne, wie der Rote Riese Mira, haben ihren „Lebensabend" erreicht.

Heller Stern bedeckt

Schwach leuchtender Stern bedeckt

Beide Sterne zusammen leuchten wie ein sehr heller.

Helligkeit nimmt stark ab.

Helligkeit nimmt leicht ab.

BEDECKUNGSVERÄNDERLICHE

Bedeckungsveränderliche sind Doppelsterne, die sich so umkreisen, dass von der Erde aus gesehen einmal der hellere den dunkleren und dann wieder der dunklere den helleren regelmäßig verdeckt. Am hellsten leuchten sie, wenn beide nebeneinander stehen.

Perseus benutzte seinen Schild, um Medusa darin nur als Spiegelbild zu sehen.

ROTE RIESEN
Helle Sterne, aber wegen ihrer Größe kühl, meist etwa 30 fache Sonnengröße

DER ZWINKERNDE DÄMON
Im Sternbild Perseus markiert ein veränderlicher Stern namens Algol das Auge der Medusa, der Gorgone mit dem Schlangenhaupt, die der griechische Sagenheld Perseus tötete. Der oft als zwinkernder Dämon bezeichnete Algol lässt alle 2,9 Tage deutlich an Leuchtkraft nach. Der englische Astronom John Goodricke erkannte 1783, dass es sich um einen bedeckungsveränderlichen Doppelstern handelt.

Der Blick der Medusa konnte Menschen versteinern.

ROTE ZWERGE
Etwa $^1/_{10}$ der Größe der Sonne mit einer Oberflächentemperatur um 3000 °C

SONNENÄHNLICHE STERNE
Etwa 1 500 000 km Durchmesser, Oberflächentemperatur um 6000 °C

Die blassesten Roten Zwerge leuchten 1 Mio. Mal schwächer als die Sonne.

SONNENSTERNE
Die Sonne ist ein typischer Stern jener Kategorie, den wir als Gelbe Zwerge bezeichnen. Ihre Farbe spiegelt die Oberflächentemperatur wider, die um 5500 °C liegt. Die Astronomen glauben, dass die Sonne etwa die Hälfte ihres „Lebens" hinter sich hat, sodass sie für weitere 5 Mrd. Jahre stetig leuchtend in der Hauptreihe bleibt.

EJNAR HERTZSPRUNG
Ejnar Hertzsprung (1873–1967) wurde in Frederiksberg (Dänemark) geboren. Er studierte Chemie, widmete sich später jedoch der Astronomie. Er entdeckte 1906 den Zusammenhang zwischen Helligkeit und Temperatur der Sterne. Der Amerikaner Henry Norris Russell (1877–1957) kam unabhängig zu ähnlichen Schlüssen. Auf den Forschungsergebnissen beider beruht das Hertzsprung-Russell-Diagramm.

Sternhaufen und Nebel

Vielfach sind am Himmel verschwommene Flecken zu sehen, die aus der Entfernung Kometen gleichen. Mit dem Teleskop erkennt man dicht beieinander liegende Sterne – Sternhaufen. Sterne entstehen auch selten allein. Es gibt offene Sternhaufen, relativ lockere Ansammlungen von ein paar Hundert Sternen, und Kugelsternhaufen, das sind dichte Bündel aus Tausenden von Sternen. Andere Flecken entpuppen sich bei näherem Hinsehen als wolkenartige Bereiche aus glühendem Gas, die nach dem lateinischen Wort *nebula* Nebel genannt werden. Sie sind sichtbare Teile interstellarer Materie, die den Raum zwischen den Sternen einnimmt. Die dunklen, dichteren Bereiche von Nebeln sind die Geburtsorte von Sternen.

Alkyone

OFFENE STERNHAUFEN
Der bekannteste offene Sternhaufen sind die Plejaden im Sternbild Stier. Man bezeichnet die Plejaden auch als das Siebengestirn, und wer gute Augen hat, kann die sieben hellsten Sterne mit bloßem Auge erkennen. Insgesamt haben die Plejaden mehr als 100 Sterne. Sie sind alle heiß, blau und jung – möglicherweise weniger als 80 Mio. Jahre alt.

Pleione

Atlas

Der spektakuläre Kugelsternhaufen Omega Centauri

KUGELSTERNHAUFEN
Kugelsternhaufen bestehen aus Hunderten von Sternen, die zu einer Kugel gepackt sind. Sie enthalten vorwiegend alte Sterne, etwa 10 Mrd. Jahre alt. Während man offene Sternhaufen in der Scheibe unserer Galaxis findet, liegen Kugelsternhaufen im Zentrum mit einem runden Halo (griech. für „Lichthof") über und unter der Scheibe. Sie kreisen auf eigenen Bahnen um das galaktische Zentrum.

Merope

Zwischen den Sternen

Der interstellare Raum besteht hauptsächlich aus Wasserstoffgas und Staubflecken. Es gibt auch Spuren von Wasser, Alkohol, Schwefelwasserstoff, Ammoniak und anderen Molekülen. Insgesamt macht der interstellare Raum etwa ein Zehntel der Masse unserer Galaxis aus. In hellen und dunklen Nebeln kann diese Materie sichtbar werden.

Asterope

Taygeta

Maja

Celaeno

Elektra

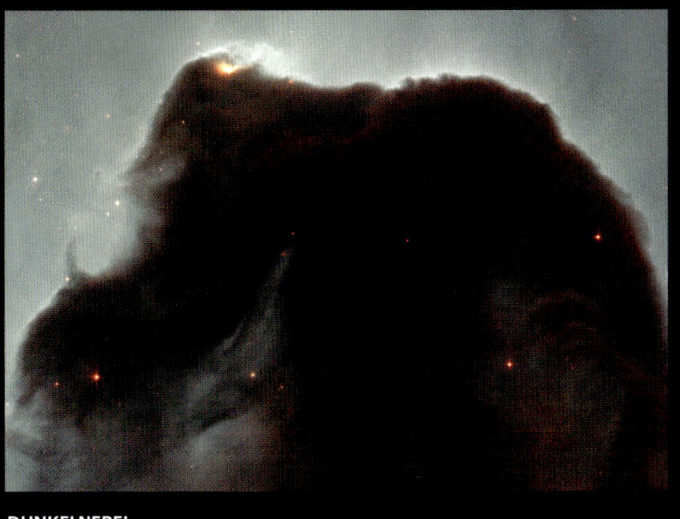

DUNKELNEBEL

Dunkelnebel sind große Wolken interstellarer Materie, die das Licht dahinter liegender Objekte „schlucken". Man kann sie beobachten, wenn sie Hintergrundsterne abdunkeln, wie der Kohlensack im Kreuz des Südens, oder Teile von hellen Nebeln verdecken, wie der Pferdekopfnebel (oben) im Sternbild Orion. Dunkelnebel sind meist kalt (um −260 °C) und bestehen hauptsächlich aus Wasserstoffmolekülen. Im Inneren von Dunkelwolken hoher Dichte entstehen Sterne.

Der Orionnebel (M42)

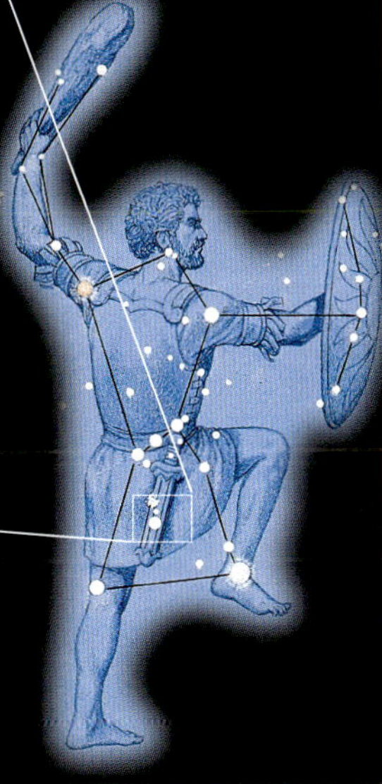

HELLE NEBEL

Viele interstellare Gaswolken werden von Sternen zum Leuchten gebracht und dadurch zu wunderschönen Himmelserscheinungen. Manchmal reflektieren die Wolken nur das Licht benachbarter Sterne (Reflexionsnebel). Manchmal senden sie, angeregt durch die Strahlung heißer Sterne, selbst Licht aus (Emissionsnebel). Der bekannte Orionnebel (oben) ist ein Emissionsnebel, Reflexionsnebel findet man z. B. in den Plejaden.

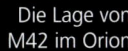

Die Lage von M42 im Orion

STERNENRESTE

Sterne werden aus Nebeln geboren und lassen Nebel entstehen, wenn sie sterben. Sterne wie die Sonne blähen sich erst zu Roten Riesen auf und schrumpfen dann zu winzigen Weißen Zwergen. Dabei stoßen sie Gas ab, das zu planetarischen Nebeln wird. Manche dieser Nebel sind ringförmig (Ringnebel), andere wie der Ameisennebel (links) weisen Leuchtstrahlen auf.

Reflexionsnebel umgeben junge Sterne.

DER MESSIERKATALOG

Der französische Astronom Charles Messier (1730–1817) widmete sich hauptsächlich der Kometenjagd. Dabei stieß er auf eine Vielzahl von Galaxien, Sternhaufen und Nebeln, die er in einem Katalog auflistete, der nach ihm benannt wurde. Die 110 Objekte des Katalogs werden noch heute mit ihrer Messiernummer (M) angegeben.

Die Geburt eines Sterns

Sterne entstehen in den ausgedehnten Nebeln aus Gas und Staub im interstellaren Raum. Diese Molekülwolken sind sehr kalt (um –260 °C) und bestehen hauptsächlich aus Wasserstoffgas. Innerhalb dieser Wolken gibt es Stellen, wo die Schwerkraft Gasmoleküle zusammenzieht, sodass dichtere Klumpen entstehen. Innerhalb dieser Zusammenballungen gibt es noch dichtere Bereiche, die Kerne, und aus diesen entstehen einzelne Sterne. Die Schwerkraft lässt einen Kern in sich zusammenstürzen, wobei die Materie im Zentrum stark zusammengedrückt wird. Im Laufe dieses Schrumpfungsvorgangs wird die Zentralregion immer weiter zusammen gepresst und dabei immer heißer. Der soenannte Protostern beginnt zu glühen. Wenn seine Temperatur etwa 10 Millionen °C erreicht, springt sein „Kernreaktor" an, und mit der Fusion von Wasserstoff zu Helium beginnt er als neuer Stern zu leuchten.

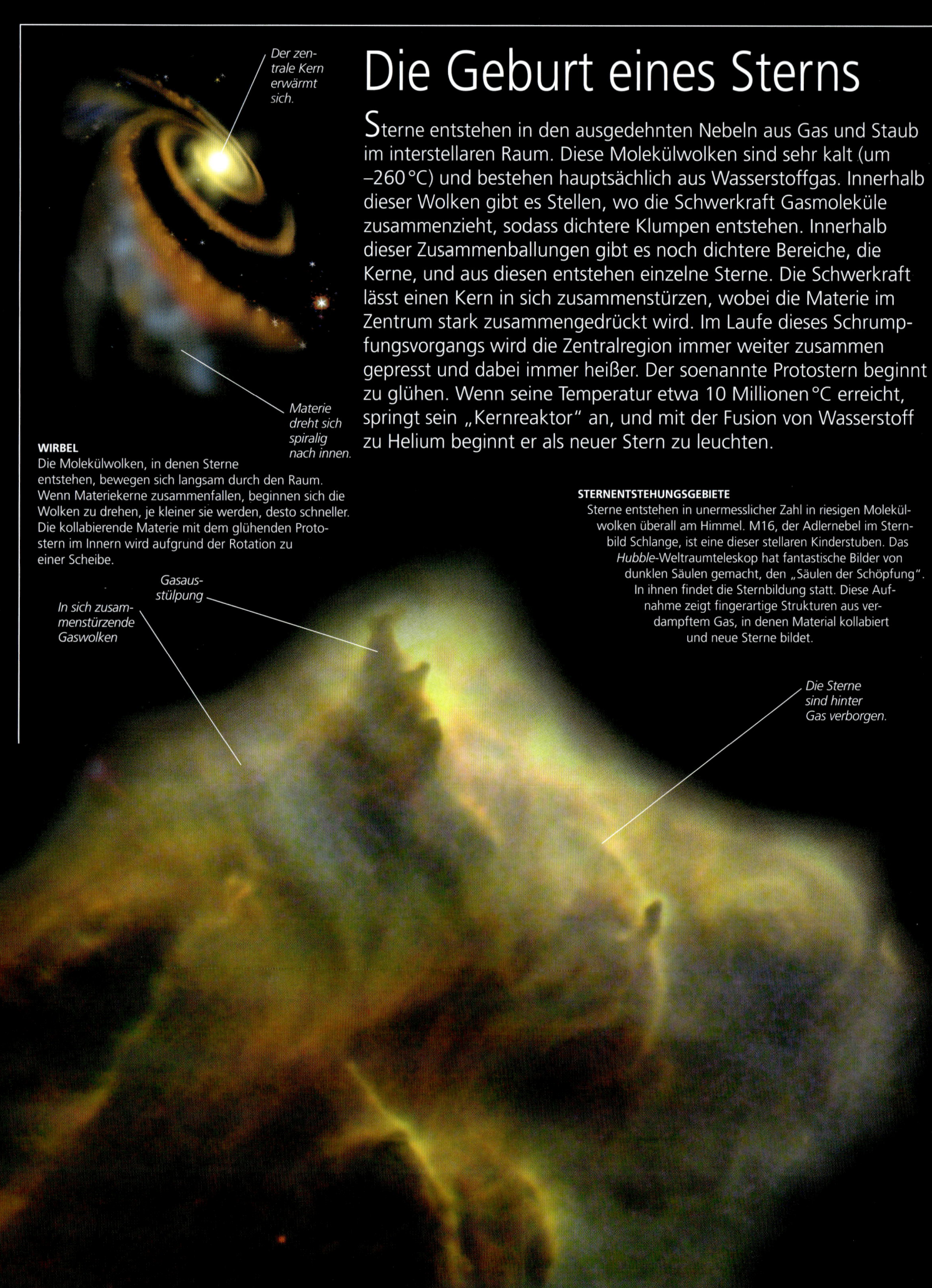

Der zentrale Kern erwärmt sich.

Materie dreht sich spiralig nach innen.

WIRBEL
Die Molekülwolken, in denen Sterne entstehen, bewegen sich langsam durch den Raum. Wenn Materiekerne zusammenfallen, beginnen sich die Wolken zu drehen, je kleiner sie werden, desto schneller. Die kollabierende Materie mit dem glühenden Protostern im Innern wird aufgrund der Rotation zu einer Scheibe.

Gasausstülpung

In sich zusammenstürzende Gaswolken

STERNENTSTEHUNGSGEBIETE
Sterne entstehen in unermesslicher Zahl in riesigen Molekülwolken überall am Himmel. M16, der Adlernebel im Sternbild Schlange, ist eine dieser stellaren Kinderstuben. Das *Hubble*-Weltraumteleskop hat fantastische Bilder von dunklen Säulen gemacht, den „Säulen der Schöpfung". In ihnen findet die Sternbildung statt. Diese Aufnahme zeigt fingerartige Strukturen aus verdampftem Gas, in denen Material kollabiert und neue Sterne bildet.

Die Sterne sind hinter Gas verborgen.

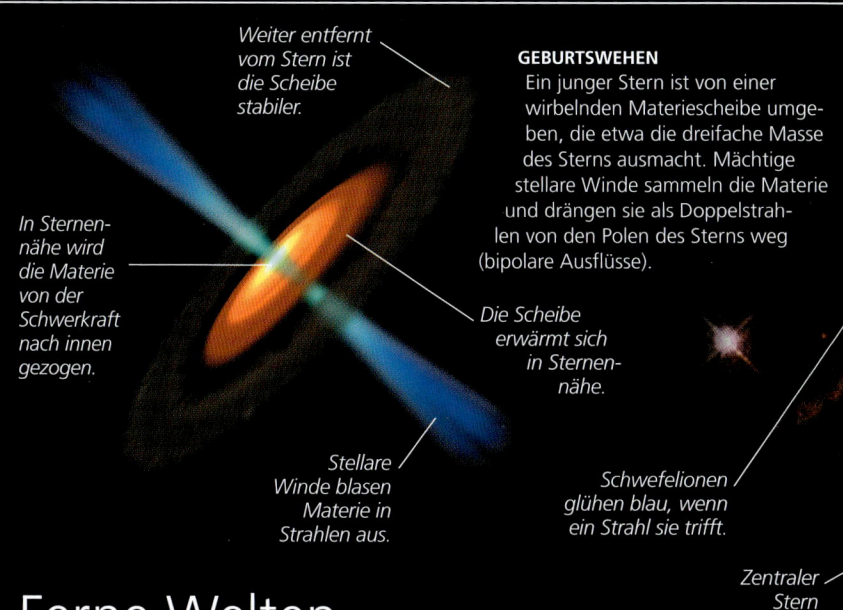

Weiter entfernt vom Stern ist die Scheibe stabiler.

In Sternennähe wird die Materie von der Schwerkraft nach innen gezogen.

Stellare Winde blasen Materie in Strahlen aus.

GEBURTSWEHEN
Ein junger Stern ist von einer wirbelnden Materiescheibe umgeben, die etwa die dreifache Masse des Sterns ausmacht. Mächtige stellare Winde sammeln die Materie und drängen sie als Doppelstrahlen von den Polen des Sterns weg (bipolare Ausflüsse).

Die Scheibe erwärmt sich in Sternennähe.

Schwefelionen glühen blau, wenn ein Strahl sie trifft.

Zentraler Stern

STRAHLWIRKUNG
Treffen die sich mit Überschallgeschwindigkeit ausbreitenden Gasströme eines jungen Sterns auf die kalte Materie einer interstellaren Wolke, werden sie abrupt abgebremst. Die Bewegungsenergie wird in Wärmeenergie umgewandelt, dabei wird das Gas erwärmt und als Herbig-Haro-Objekt sichtbar – hier beim jungen Stern Gamma Cassiopeiae.

Gas reflektiert Sternenlicht.

Wasserstoffatome leuchten grün, wenn sie von einem Gasstrom getroffen werden.

Ferne Welten

Neugeborene Sterne blasen die meiste sie umgebende Materie ins All hinaus, doch oft bleibt eine Materiescheibe um sie herum erhalten. Aus solchen Scheiben entstehen Planetensysteme. 1995 entdeckten Astronomen erstmals Planeten im Umfeld normaler Sterne. Heute sind über 100 solcher extrasolarer Planeten (Exoplaneten) bekannt.

Stern verdunkelt

Scheibe ist aufrecht zu sehen.

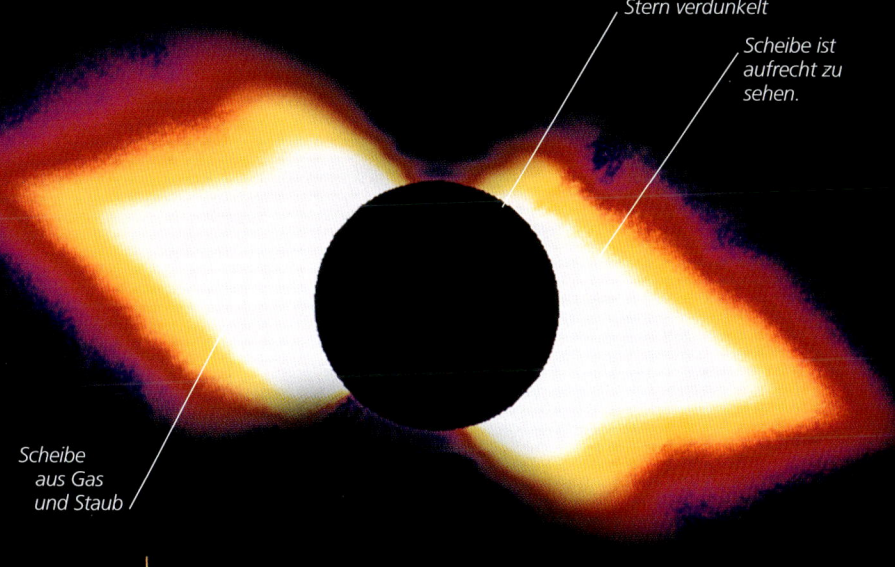

Scheibe aus Gas und Staub

DIE VERBORGENEN MILLIONEN
Der Orionnebel ist eines der nächstgelegenen Sternentstehungsgebiete. Im sichtbaren Licht (oben links) verbirgt glühendes Gas die meisten der jungen Sterne. Mit Infrarot betrachtet (oben rechts) wird eine Fülle von Sternen sichtbar, viele davon sind Rote oder Braune Zwerge. Rote Zwerge sind kleine, kühle Sterne, Braune Zwerge sind nie richtige Sterne geworden. Ihre Masse ist zu gering, als dass sie genügend hohe Temperaturen für eine Kernfusion erreichen könnten.

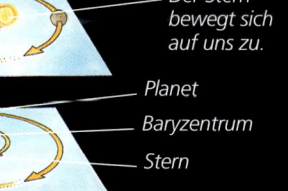

Der Stern bewegt sich auf uns zu.

Planet

Baryzentrum

Stern

Der Stern bewegt sich von uns weg.

PLANETENBILDUNG
Raumsonden wie *IRAS* (Infrarot-Astronomie-Satellit) haben seit den 1980er-Jahren Sterne mit Materiescheiben entdeckt. Einer davon ist Beta Pictoris (oben). Ein weiterer ist der helle Stern Wega im Sternbild Leier. Innerhalb weniger Millionen Jahre könnten sich hier Planeten bilden.

PLANETENSUCHE
Der Widerschein der Planeten um fremde Sterne ist viel zu schwach, als dass man sie von der Erde aus direkt sehen könnte. Man muss sie indirekt finden: Planet und Stern kreisen um ein gemeinsames Schwerkraftzentrum, das Baryzentrum, das sich tief im Innern des Sterns, aber nicht genau in dessen Mittelpunkt, befindet. Bei einem Umlauf scheint der Stern sich immer wieder auf uns zu und von uns weg zu bewegen. Wir können dies anhand der Spektrallinienverschiebung (S. 43) erkennen.

GIGANTEN WIE JUPITER
1991 wurde der erste extrasolare Planet entdeckt. Er umkreist einen Pulsar. 1995 fand man einen Planeten des sonnenartigen 51 Pegasi. Er ist halb so schwer wie Jupiter und nur etwa 10 Mio. km von 51 Pegasi entfernt. Die meisten der bisher entdeckten Exoplaneten sind schwerer als Jupiter und liegen nah an ihrem Stern.

Tod eines Sterns

Sterne erwachen zum Leben, wenn sie in ihrem Inneren durch Kernfusion Wasserstoff zu Helium verschmelzen. Von da an leuchten sie stetig, bis ihr Wasserstoffvorrat verbraucht ist – dann beginnen sie zu sterben. Zuerst durchlaufen sie eine Phase, in der sie heller werden und zu gewaltiger Größe anschwellen. Sie werden zu Roten Riesen oder Überriesen. Wie ein Stern schließlich untergeht, hängt von seiner Masse ab. Massearme Sterne blasen ihre äußeren Schichten ab und erlöschen dann. Massereiche Sterne sterben durch eine gewaltige Explosion, die man Supernova nennt.

DAS SCHICKSAL VON STERNEN

Ein Stern, der in seinem Kern Wasserstoff zu Helium umwandelt, verändert Farbe und Leuchtkraft kaum. Wie lange der Stern dies kann, hängt von seiner Masse ab. Sterne wie die Sonne verbrauchen ihren Treibstoff langsam und können bis zu 10 Mrd. Jahre beständig leuchten.

ROTER RIESE

Wenn ein Stern allen Wasserstoff in seinem Kern aufgebraucht hat, wandert die Kernfusion in die dünne Schale um den Kern. Dadurch steigt die Temperatur so stark an, dass die Atmosphäre des Sterns sich nach außen aufbläht. Beim Ausdehnen kühlt sich die Oberfläche ab und das Licht des Sterns wird rötlicher – ein Roter Riese ist entstanden. Im Kern findet nun die Fusion von Heliumkernen zu Kohlenstoff statt. Damit kann der Stern weitere 2 Mrd. Jahre bestehen.

ÜBERRIESE

In Sternen mit mehr als der 8-fachen Sonnenmasse wird der Kern so heiß, dass Kohlenstoff und Sauerstoff, die durch die Heliumfusion entstanden sind, wiederum selbst in schwerere Elemente umgewandelt werden können. Der Stern bläht sich auf und wird ein Überriese.

PLANETARISCHE NEBEL

Geht das Helium im Kern eines Roten Riesen zur Neige, wird der Kern so heiß, dass er in sich zusammenfällt. Durch die frei werdende Energie werden die äußeren Schichten des Sterns abgestoßen. Strahlung vom heißen Kern lässt das ausgestoßene Gas leuchten, ein ringförmiger Nebel entsteht.

SCHNELL LEBEN, JUNG STERBEN

Massereichere Sterne als die Sonne besitzen heißere, dichtere Kerne. Daher ist bei ihnen die Energieausnutzung höher, aber das verkürzt auch ihre Lebensdauer gewaltig – sehr schwere Sterne sind nur für ein paar Millionen Jahre stabil.

Durch neue Fusionsreaktionen entstehen Natrium, Magnesium, Silizium, Schwefel und andere Elemente.

Das schwerste Element, das entsteht, ist Eisen.

Kern nicht maßstabsgetreu

Der Kern entwickelt "Zwiebelschalen".

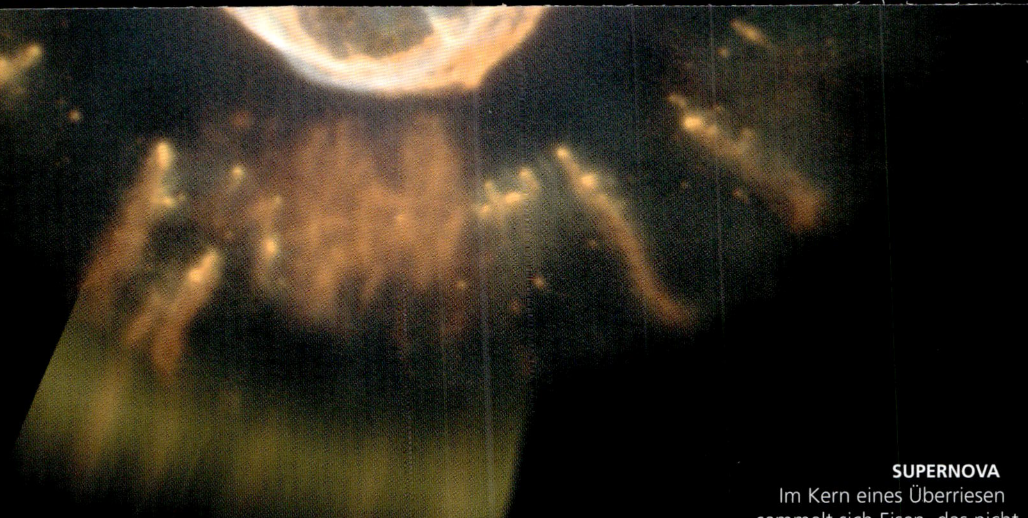

WEISSER ZWERG

In einem planetarischen Nebel fällt der Kern des Sterns immer weiter zusammen, bis die Elektronen in seinen Atomen gegen die Kerne im Zentrum gedrückt werden. Eine Streichholzschachtel voll mit Materie des nun etwa erdgroßen Sterns wiegt so viel wie ein Elefant. Diesen unglaublich dichten, heißen Stern nennt man Weißen Zwerg. Er ist aufgrund seiner geringen Größe nur schwer zu sehen.

Der Nachbarstern bläht sich zu einem Roten Riesen auf.

Der Weiße Zwerg entzieht seinem Nachbarn Materie.

Gas sammelt sich an der Oberfläche des Weißen Zwergs.

Das Gas entzündet sich und verbrennt in einer Fusionsexplosion.

Der Nachbarstern wird durch die Explosion angezogen.

NOVAE

Entwickelt sich ein Weißer Zwerg in einem Doppelsternsystem, kann er Gas von dem anderen Stern abziehen. Dieses Gas sammelt sich an der Oberfläche des Weißen Zwergs, bis es heiß und dicht genug ist, um eine Kernfusion auszulösen. Es kommt zu einer gewaltigen Explosion. Der Stern leuchtet auf und wird zu einer Nova.

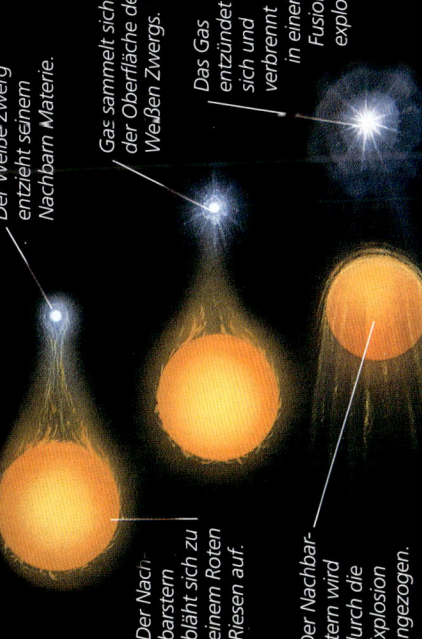

SUPERNOVA

Im Kern eines Überriesen sammelt sich Eisen, das sich nicht mehr weiter fusionieren kann. Hat der Stern keinen anderen Treibstoff mehr, kollabiert der ausgebrannte Kern. Dabei wird so viel Energie frei, dass der Stern als Supernova explodiert. Die Explosion ist so hell, dass sie eine ganze Galaxie überstrahlen kann. Dabei werden schwere Elemente durch das All geschleudert, Material für spätere Generationen von Sternen und Planeten.

Neutronenstern

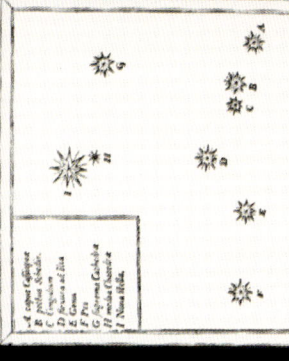

Schwarzes Loch

ENDSTADIEN

Was nach einer Supernova bleibt, hängt von der Masse des kollabierenden Kerns ab. Ist der Kern kleiner als drei Sonnenmassen, schrumpft er zu einem unglaublich dichten Neutronenstern. Hat der Kern eine größere Masse, endet er als Schwarzes Loch und verschwindet für immer aus dem sichtbaren Universum (S. 52).

HISTORISCHE SUPERNOVAE

Tycho Brahe sah 1572 eine Supernova (oben), die ihn erkennen ließ, dass der Himmel nicht unveränderlich ist. Doch die berühmteste Supernova ist wahrscheinlich jene, die chinesische Astronomen 1054 beobachteten. Heute bilden ihre Reste den Krebsnebel im Sternbild Stier.

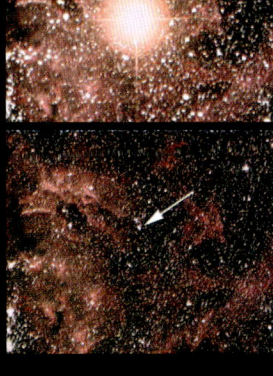

SUPERNOVA 1987 A

Am 23. Februar 1987 entdeckten Astronomen eine helle Supernova (links) in der Großen Magellanschen Wolke, einer unserer Nachbargalaxien. Sie leuchtete 85 Tage auf und war mit bloßem Auge sichtbar. Der explodierte Stern ganz links war ein Blauer Riese namens Sandulak −69°202 und hatte etwa die 20-fache Masse der Sonne.

Pulsare und Schwarze Löcher

Wenn ein massereicher Stern in einer Supernova untergeht (S. 50), bleibt nur der unter seiner eigenen Schwerkraft in sich zusammengestürzte Kern. Dabei treten so starke Kräfte auf, dass die negativ geladenen Elektronen in den Kern gedrängt werden und sich mit den positiv geladenen Protonen zu ungeladenen Neutronen verbinden. Aus dem kollabierten Kern wird ein Neutronenstern von etwa 20 km Durchmesser, aber mit der Masse der Sonne. Ein solcher Neutronenstern rotiert mit mehreren Umdrehungen pro Sekunde und sendet Strahlungsimpulse aus. Entdecken wir diese pulsierende Strahlung, sprechen wir von einem Pulsar. Kollabierende Kerne von mehr als drei Sonnenmassen haben ein anderes Schicksal. Dann ist die Macht des Kollapses so groß, dass selbst die Neutronen zusammengedrückt werden. Der Kern ist schließlich so dicht, dass nicht einmal Licht seiner Schwerkraft entfliehen kann – er ist zu einem Schwarzen Loch geworden.

PULSAR IM KREBSNEBEL
1054 sichteten chinesische Astronomen einen Stern im Sternbild Stier, der so hell war, dass man ihn sogar bei Tag sehen konnte. Wir wissen heute, dass dies eine Supernova war. Durch sie entstand der Krebsnebel. Im Innern des Nebels liegt der kollabierte Kern, den wir als Pulsar erkennen können.

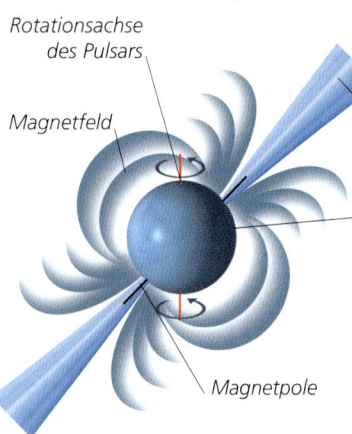

Rotationsachse des Pulsars

Magnetfeld

Innerer Ring von 1 Lj Durchmesser

Jets von den Magnetpolen

Neutronenstern

Magnetpole

NEUTRONENSTERNE
Neutronensterne sind sehr klein und drehen sich schnell, der schnellste bekannte Neutronenstern rotiert 1122-mal pro Sekunde. Sie haben ein starkes Magnetfeld, das sich ebenfalls schnell bewegt. Dadurch entstehen Radiowellen, die von den Magnetpolen abgestrahlt werden. Wenn die Strahlen die Erde passieren, sehen wir sie als pulsierende Signale wie von einem Leuchtturm.

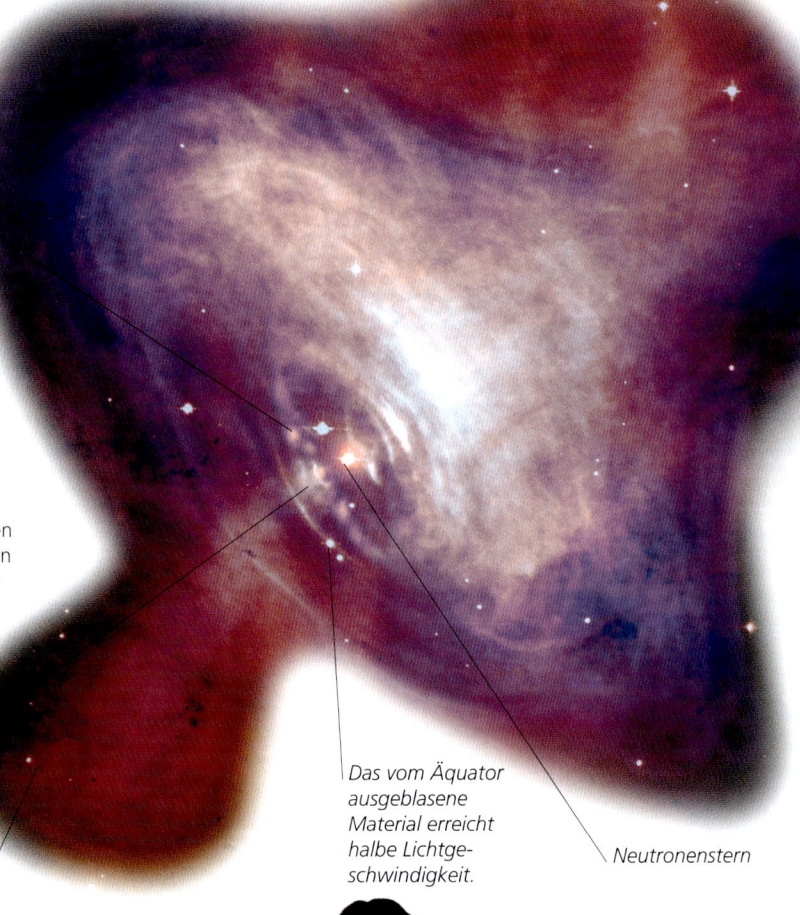

IN DER KRABBE
Der Pulsar im Krabbennebel dreht sich 30-mal pro Sekunde und gibt Energie nicht nur als Radiowellen, sondern auch als sichtbares Licht und als Röntgenstrahlen ab. Dieses Bild kombiniert ein Röntgenbild des Röntgensatelliten *Chandra* (in Blau) mit einem Foto im sichtbaren Lichtbereich.

Strahl von den Polen des Pulsars

Der Strahl des Pulsars türmt beim Kontakt mit interstellarem Gas Wolken auf.

Das vom Äquator ausgeblasene Material erreicht halbe Lichtgeschwindigkeit.

Neutronenstern

EXTREM DICHTE MATERIE
Ein Neutronenstern hat normalerweise einen Durchmesser von etwa 20 km. Dennoch ist er so schwer wie drei Sonnen. Das macht ihn unvorstellbar dicht. Ein nur stecknadelkopfgroßes Stück Neutronensternmaterie würde doppelt so viel wiegen wie der größte Supertanker der Welt. Diese Materie ist völlig anders beschaffen als alle Materie auf der Erde.

PULSAR-ENTDECKUNG
Die Studentin Jocelyn Bell Burnell (geb. 1943) testete 1967 im Rahmen ihrer Arbeit an der Universität Cambridge Geräte zur Untersuchung schwankender Radioquellen. Am 6. August empfing sie alle 1,337 s Signale. Sie kamen vom ersten Pulsar, der entdeckt wurde. Er heißt heute PSR 1919+21.

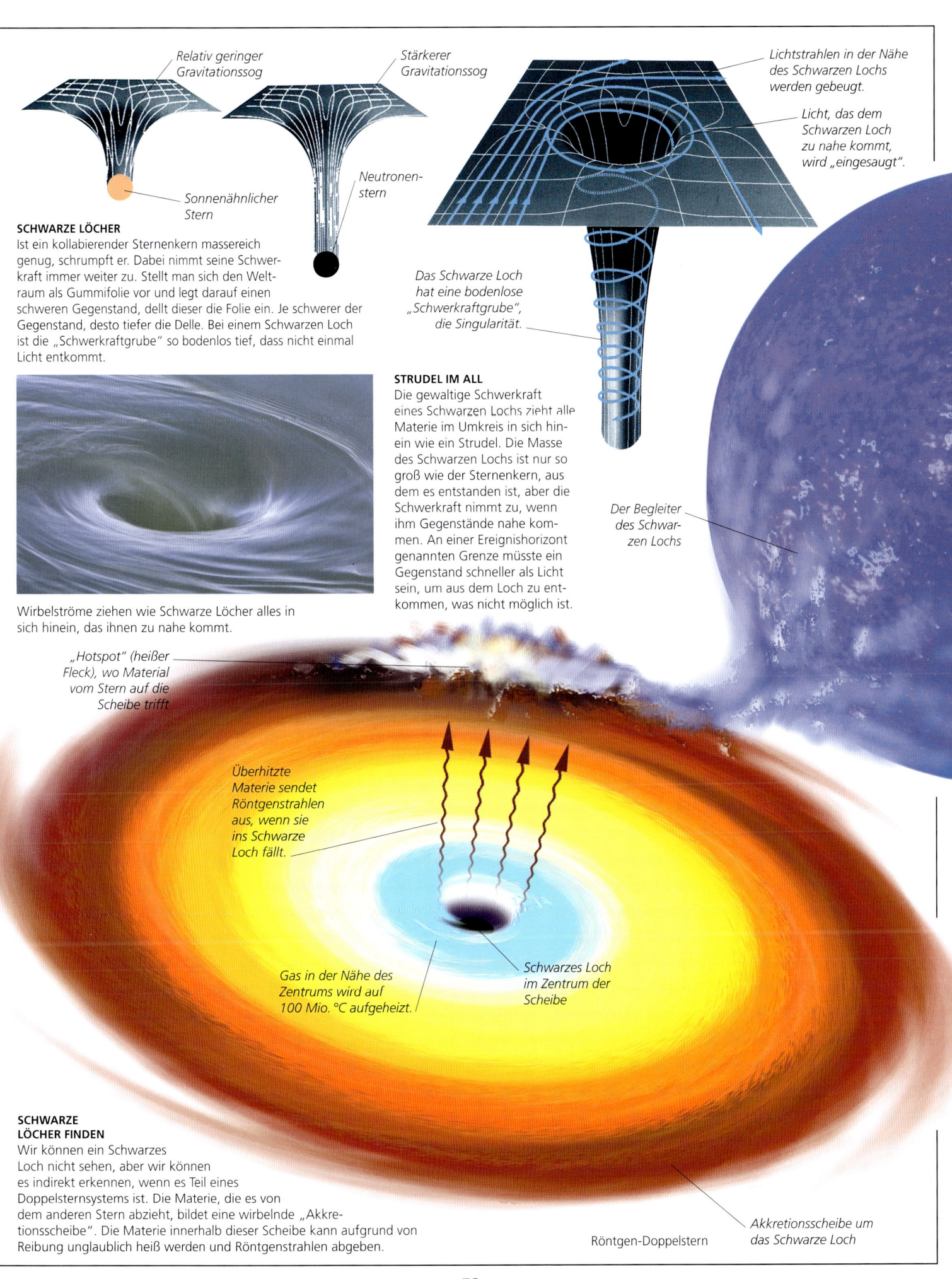

Relativ geringer Gravitationssog

Stärkerer Gravitationssog

Lichtstrahlen in der Nähe des Schwarzen Lochs werden gebeugt.

Licht, das dem Schwarzen Loch zu nahe kommt, wird „eingesaugt".

Sonnenähnlicher Stern

Neutronenstern

SCHWARZE LÖCHER

Ist ein kollabierender Sternenkern massereich genug, schrumpft er. Dabei nimmt seine Schwerkraft immer weiter zu. Stellt man sich den Weltraum als Gummifolie vor und legt darauf einen schweren Gegenstand, dellt dieser die Folie ein. Je schwerer der Gegenstand, desto tiefer die Delle. Bei einem Schwarzen Loch ist die „Schwerkraftgrube" so bodenlos tief, dass nicht einmal Licht entkommt.

Das Schwarze Loch hat eine bodenlose „Schwerkraftgrube", die Singularität.

STRUDEL IM ALL

Die gewaltige Schwerkraft eines Schwarzen Lochs zieht alle Materie im Umkreis in sich hinein wie ein Strudel. Die Masse des Schwarzen Lochs ist nur so groß wie der Sternenkern, aus dem es entstanden ist, aber die Schwerkraft nimmt zu, wenn ihm Gegenstände nahe kommen. An einer Ereignishorizont genannten Grenze müsste ein Gegenstand schneller als Licht sein, um aus dem Loch zu entkommen, was nicht möglich ist.

Wirbelströme ziehen wie Schwarze Löcher alles in sich hinein, das ihnen zu nahe kommt.

Der Begleiter des Schwarzen Lochs

„Hotspot" (heißer Fleck), wo Material vom Stern auf die Scheibe trifft

Überhitzte Materie sendet Röntgenstrahlen aus, wenn sie ins Schwarze Loch fällt.

Gas in der Nähe des Zentrums wird auf 100 Mio. °C aufgeheizt.

Schwarzes Loch im Zentrum der Scheibe

SCHWARZE LÖCHER FINDEN

Wir können ein Schwarzes Loch nicht sehen, aber wir können es indirekt erkennen, wenn es Teil eines Doppelsternsystems ist. Die Materie, die es von dem anderen Stern abzieht, bildet eine wirbelnde „Akkretionsscheibe". Die Materie innerhalb dieser Scheibe kann aufgrund von Reibung unglaublich heiß werden und Röntgenstrahlen abgeben.

Röntgen-Doppelstern

Akkretionsscheibe um das Schwarze Loch

Die Milchstraße

In einer klaren, dunklen Nacht sieht man am Himmel ein zartes, blass leuchtendes Band, das sich durch viele bekannte Sternbilder zieht: die Milchstraße. Was wir sehen, ist ein Schnitt durch unser Sternensystem, die Galaxis. Sie verläuft durch die Sternbilder Schwan (Cygnus), Perseus und Cassiopeia am nördlichen und durch Zentaur (Centaurus), Kreuz des Südens (Crux) und Schütze (Sagittarius) am südlichen Nachthimmel. Blickt man mit einem Fernglas oder Fernrohr auf die Milchstraße, sieht man zahllose Sterne, die scheinbar dicht zusammenliegen. Wir nennen unser Sternensystem auch einfach Milchstraße oder die Galaxis (fremde Sternsysteme nennt man Galaxie). Sie hat einen spiraligen Aufbau mit sternenbesetzten „Armen", die aus einem dichten Sternklumpen in der Mitte ragen.

MILCHSTRASSEN-MYTHEN
In der Mythologie der Azteken aus Mexiko stand die Milchstraße für den Gott Mixcoatl (Wolkenschlange). Im alten Ägypten und Indien sah man sie als himmlisches Spiegelbild des Flusses Nil bzw. Ganges. Die Griechen glaubten, es handle sich um einen Spritzer Milch aus der Brust der Göttin Hera, der Frau des Göttervaters Zeus.

AUFBAU DER GALAXIS
Unsere Galaxis umfasst etwa 2500 Mrd. Sterne und hat einen Durchmesser von 100 000 Lj. An den meisten Stellen ist sie nur 2000 Lj dick. Die Spiralarme um die zentrale Wölbung bilden die Galaxis-Scheibe. Es gibt zwei Hauptarme, den Perseus- und den Sagittarius-Arm, benannt nach den Sternbildern, wo sie am hellsten erscheinen. Zwischen den beiden liegt der Orion-Arm, auf dem sich, etwa 26 000 Lj vom galaktischen Zentrum entfernt, die Sonne befindet.

Sternenbildende Molekülwolken

Milchstraßen-Sternwolken im Sternbild Skorpion und Schütze

Orion-Arm

DAS RÜCKGRAT DER NACHT
Die Milchstraße ist am besten in klaren, mondlosen Nächten und fernab vom Licht der Städte zu sehen. Die dunklen Flecken in der Milchstraße sind nicht frei von Sternen, sondern Bereiche, wo dichte Staubwolken das Licht der dahinterliegenden Sterne blockieren.

Lage unseres Sonnensystems

Zentrale Kugel (Kern) mit alten roten Sternen

Perseus-Arm

Äußerer Arm

In den Spiralarmen liegen viele junge blaue und weiße Sterne.

GEDREHT
Die Milchstraße dreht sich im Weltraum. Wäre das nicht so, würde sie schnell in sich zusammenfallen. Verschiebungen in den Spektren verschiedener Sterne zeigen, dass diese rotieren. Die Sterne auf der einen Seite zeigen eine Verschiebung zum blauen Bereich, was darauf hinweist, dass sie sich auf uns zu bewegen. Die Sterne auf der anderen Seite zeigen eine Rotverschiebung, was andeutet, dass sie sich von uns weg bewegen. Das gleiche Muster findet sich bei anderen Galaxien.

Blauverschiebung auf der sich auf uns zu bewegenden Seite

Rot- und Blauverschiebung in der Andromeda-Galaxie

Rotverschiebung auf der sich von uns weg bewegenden Seite

Molekülring

Sagittarius A*

Radioring

DAS HERZ DER MILCHSTRASSE
Radio-, Infrarot- und Röntgenbilder aus der nahen Umgebung des galaktischen Zentrums zeigen eine starke Radioquelle, Sagittarius A*. Das bestärkt die Vermutung, dass im Zentrum der Galaxis ein Schwarzes Loch liegt. Etwas weiter außen befinden sich Ringe aus magnetisiertem Gas (Radioring) und riesigen Molekülwolken (Molekülring, etwa 500 Lj vom galaktischen Zentrum).

Sagittarius-Arm

Die Spiralarme drehen sich in 250 Mio. Jahren einmal zum Ausgangspunkt.

IM ZENTRUM UNSERER GALAXIS
Dieses Bild des Röntgenteleskops *Chandra* zeigt die Gaswolken und den zentralen Sternhaufen im Herzen der Milchstraße. Der Sternhaufen hat fast 3 Mio. Sterne, viele davon sind massereich und sehr heiß. Der Haufen umgibt das Schwarze Loch von Sagittarius A*, das die Masse von mehr als 2 Mio. Sonnen zu haben scheint. Das Schwarze Loch „schläft" zurzeit, doch könnte es mit ausreichender Gaszufuhr wieder aktiv werden.

Massereiche Sterne nahe des Schwarzen Lochs

Glühendes Gas (10 Mio. °C)

Nachbarn

Weit im Süden kann man am Nachthimmel zwei diffuse Flecken in den Sternbildern Tukan (Tucana) und Goldfisch (Dorado) sehen, die Große und die Kleine Magellansche Wolke. Sie gehören nicht zu unserer Galaxis, sondern sind eigene Sternensysteme, Nachbargalaxien. Die Große Magellansche Wolke liegt nur 160 000 Lichtjahre entfernt – für die Verhältnisse des Universums nur einen Steinwurf entfernt. Verglichen mit unserer Galaxis ist sie klein und unregelmäßig geformt, genau wie die Kleine Magellansche Wolke. Die Magellanschen Wolken und eine Reihe weiterer Zwerggalaxien sind nicht nur Nachbarn der Milchstraße, sie geraten auch unter den Einfluss ihrer Schwerkraft. Die Milchstraße und ihre Satelliten wiederum sind durch die Schwerkraft in die Lokale Gruppe, eine 3 Millionen Lichtjahre durchmessende Galaxienfamilie eingebunden.

MAGELLANS WOLKEN
Die Magellanschen Wolken sind nach dem portugiesischen Seefahrer Ferdinand Magellan (1480–1521) benannt. Er startete 1519 zur ersten Weltumrundung. Als einer der ersten Europäer sah er die beiden Sternenwolken und nutzte sie möglicherweise zur Navigation.

Kleine Magellansche Wolke   Große Magellansche Wolke

DIE LOKALE GRUPPE
Die Milchstraße und ihre Satellitengalaxien gehören zu einer größeren Ansammlung von Galaxien, der Lokalen Gruppe. Dazu zählt man auch zwei weitere Spiralgalaxien in den Sternbildern Andromeda und Dreieck (Triangulum). Die anderen Galaxien der Lokalen Gruppe sind elliptisch oder unregelmäßig und viel kleiner. Insgesamt umfasst die Lokale Gruppe mehr als 40 Galaxien, die durch die Schwerkraft zusammengehalten werden. Die Lokale Gruppe wiederum ist Teil eines noch größeren Galaxienhaufens.

SATELLITENGALAXIEN
Die Große Magellansche Wolke misst mit einem Durchmesser von 30 000 Lj weniger als ein Drittel der Milchstraße. Die Zusammensetzung der Sterne und Gase ist ähnlich, aber diese Nachbargalaxie ist keine Spiralgalaxie. Es gibt ein breites Band aus relativ alten Sternen und gewaltige Sternentstehungsgebiete wie den Tarantelnebel. Das Leuchten dieses sehr hellen Nebels kommt von einem Haufen junger, heißer, massereicher Sterne. Die Kleine Magellansche Wolke ist nur ein Viertel so umfangreich wie die Große und liegt 190 000 Lj von der Erde entfernt.

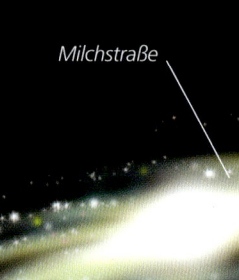

Milchstraße

Sagittarius-Zwerg

KANNIBALEN-GALAXIS
Es gibt sogar Galaxien, die näher als die Magellanschen Wolken liegen. 1994 wurde der Sagittarius-Zwerg, etwa 80 000 Lj entfernt, verborgen hinter dichten Gaswolken im Zentrum unserer Galaxis entdeckt. Überraschenderweise wurde diese Zwerggalaxie nicht von der Milchstraße auseinandergerissen, als sie um diese kreiste. Vermutlich halten große Mengen unsichtbarer Dunkler Materie die Galaxie zusammen.

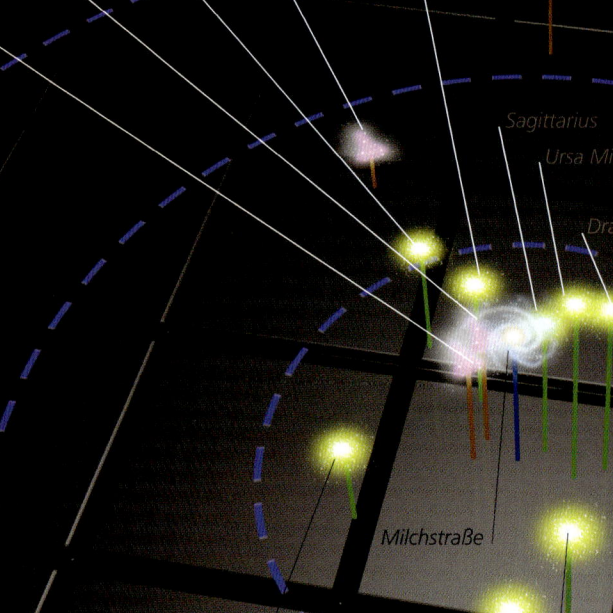

IC 1613

Sculptor-Galaxie

NGC 6822

Kleine Magellansche Wolke

Fornax

Große Magellansche Wolke

Sagittarius

Ursa Minor

Draco

Milchstraße

Carina

Leo I   Leo II

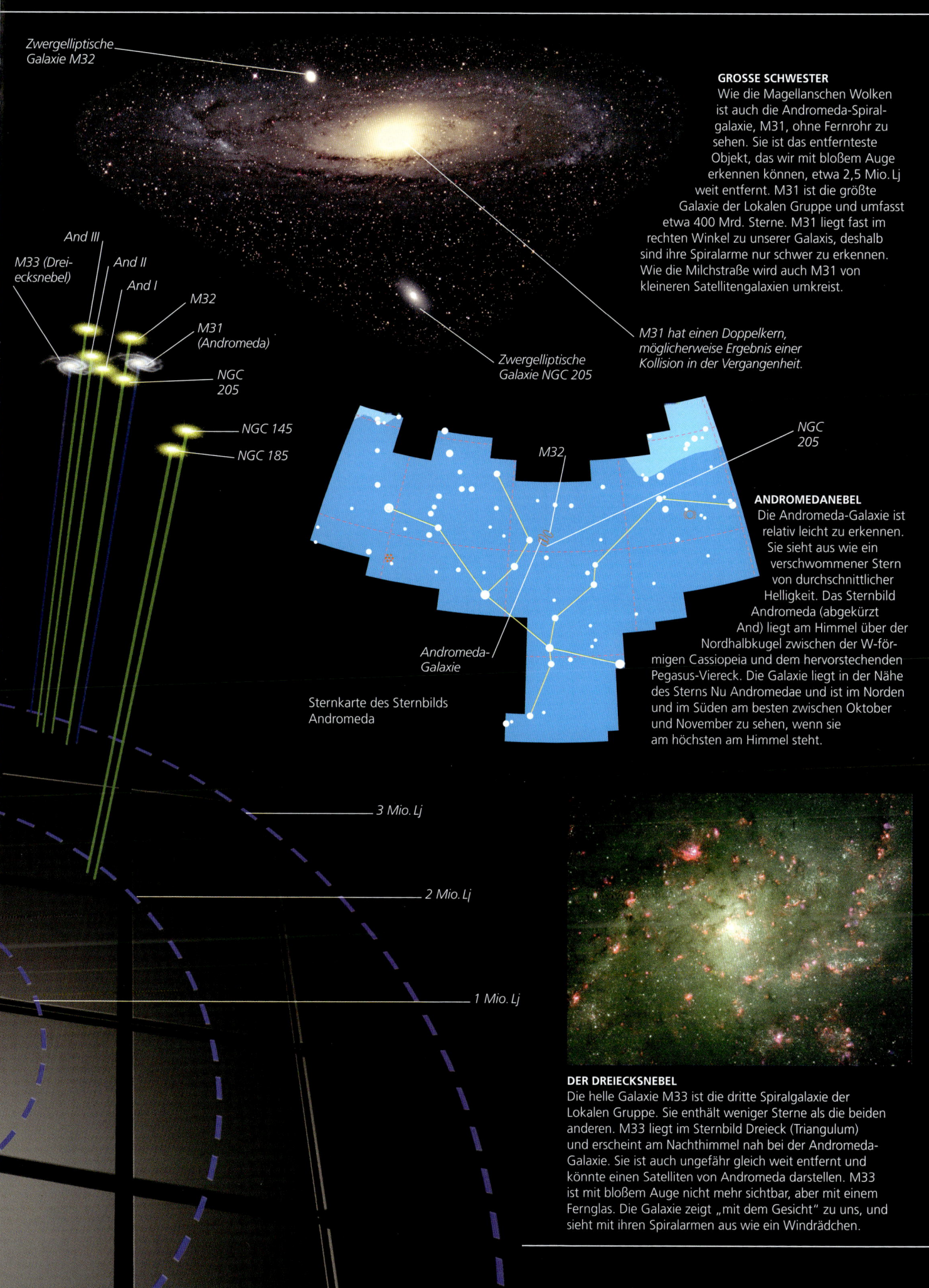

Zwergelliptische
Galaxie M32

GROSSE SCHWESTER
Wie die Magellanschen Wolken
ist auch die Andromeda-Spiral-
galaxie, M31, ohne Fernrohr zu
sehen. Sie ist das entfernteste
Objekt, das wir mit bloßem Auge
erkennen können, etwa 2,5 Mio. Lj
weit entfernt. M31 ist die größte
Galaxie der Lokalen Gruppe und umfasst
etwa 400 Mrd. Sterne. M31 liegt fast im
rechten Winkel zu unserer Galaxis, deshalb
sind ihre Spiralarme nur schwer zu erkennen.
Wie die Milchstraße wird auch M31 von
kleineren Satellitengalaxien umkreist.

M31 hat einen Doppelkern,
möglicherweise Ergebnis einer
Kollision in der Vergangenheit.

And III

M33 (Drei-
ecksnebel)

And II

And I

M32

M31
(Andromeda)

NGC
205

NGC 145

NGC 185

Zwergelliptische
Galaxie NGC 205

NGC
205

ANDROMEDANEBEL
Die Andromeda-Galaxie ist
relativ leicht zu erkennen.
Sie sieht aus wie ein
verschwommener Stern
von durchschnittlicher
Helligkeit. Das Sternbild
Andromeda (abgekürzt
And) liegt am Himmel über der
Nordhalbkugel zwischen der W-för-
migen Cassiopeia und dem hervorstechenden
Pegasus-Viereck. Die Galaxie liegt in der Nähe
des Sterns Nu Andromedae und ist im Norden
und im Süden am besten zwischen Oktober
und November zu sehen, wenn sie
am höchsten am Himmel steht.

M32

Andromeda-
Galaxie

Sternkarte des Sternbilds
Andromeda

3 Mio. Lj

2 Mio. Lj

1 Mio. Lj

DER DREIECKSNEBEL
Die helle Galaxie M33 ist die dritte Spiralgalaxie der
Lokalen Gruppe. Sie enthält weniger Sterne als die beiden
anderen. M33 liegt im Sternbild Dreieck (Triangulum)
und erscheint am Nachthimmel nah bei der Andromeda-
Galaxie. Sie ist auch ungefähr gleich weit entfernt und
könnte einen Satelliten von Andromeda darstellen. M33
ist mit bloßem Auge nicht mehr sichtbar, aber mit einem
Fernglas. Die Galaxie zeigt „mit dem Gesicht" zu uns, und
sieht mit ihren Spiralarmen aus wie ein Windrädchen.

Galaxienvielfalt

Die Milchstraße und die anderen Galaxien der Lokalen Gruppe nehmen mit einem Durchmesser von ein paar Millionen Lichtjahren nurein winziges Stückchen des weiten Weltraums ein. Doch das Weltall ist unzählige Milliarden Lichtjahre groß, und verstreut in den Weiten des Raumes gibt es weitere Milliarden von Galaxien. Viele sind spiralförmig wie die Milchstraße und die Andromeda-Galaxie, andere sind elliptisch und viele haben gar keine regelmäßige Form. Manche Galaxien sind Zwerge mit vielleicht weniger als einer Million Sterne, andere Riesen mit Hunderten Milliarden von Sternen. Stoßen Galaxien zusammen, gibt es ein aufsehenerregendes Feuerwerk am Himmel. Man weiß nicht genau, wann die Bildung von Galaxien begann, aber möglicherweise bereits weniger als 2 Milliarden Jahre nach der Entstehung des Universums.

KOLLIDIERENDE GALAXIEN

Nachbargalaxien sind meistens etwa 10 Galaxien-durchmesser getrennt. Gelegentlich kollidieren sie miteinander. In der Regel kommt es dabei nicht zur Kollision einzelner Sterne, sondern zum Zusammenstoß der gewaltigen Gaswolken. Dies löst vielfache Sterngeburten aus und die Zahl der Sterne steigt explosionsartig an.

Bei einem Zusammenstoß werden Sterne aus beiden Galaxien herausgeschleudert.

Elliptische Galaxien werden nach ihrer Abweichung von der Kreis-form in die Klassen E0 bis E9 eingeteilt.

Elliptische Galaxien (E)

Spiralgalaxie NGC 2207

Spiralgalaxien (S)

Balkenspiralgalaxien (SB)

Spiral- und Balkenspiral-galaxien werden nach der Ausprägung ihres Kerns in die Klassen Sa-Sc bzw. SBa-SBc eingeteilt.

Kollidierende Galaxien NGC 2207 und IC 2163

IRREGULÄRE GALAXIEN

Galaxien, die weder Spiralarme noch eine elliptische Form aufweisen, nennt man irreguläre (unregelmäßige) Galaxien. Sie sind reich an Gas und Staub und weisen viele Sternentstehungsgebiete auf. Die Magellanschen Wolken sind unregelmäßige Galaxien, ebenso M82 im Sternbild Großer Bär (links). M82 ist eine Starburst-Galaxie, in ihr entstehen besonders viele Sterne.

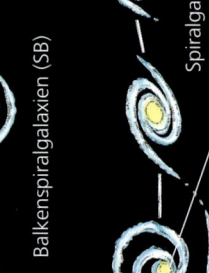

HUBBLES STIMMGABEL

1936 entwickelte Edwin Hubble eine Methode zur Klassifizierung von Galaxien. In seinem Stimmgabeldia-gramm (Hubble-Sequenz) teilte er regelmäßige Galaxien entsprechend ihrer Form in elliptische (E), Spiral- (S) und Balkenspiralgalaxien (SB) ein.

Sternentste-hungsgebiet

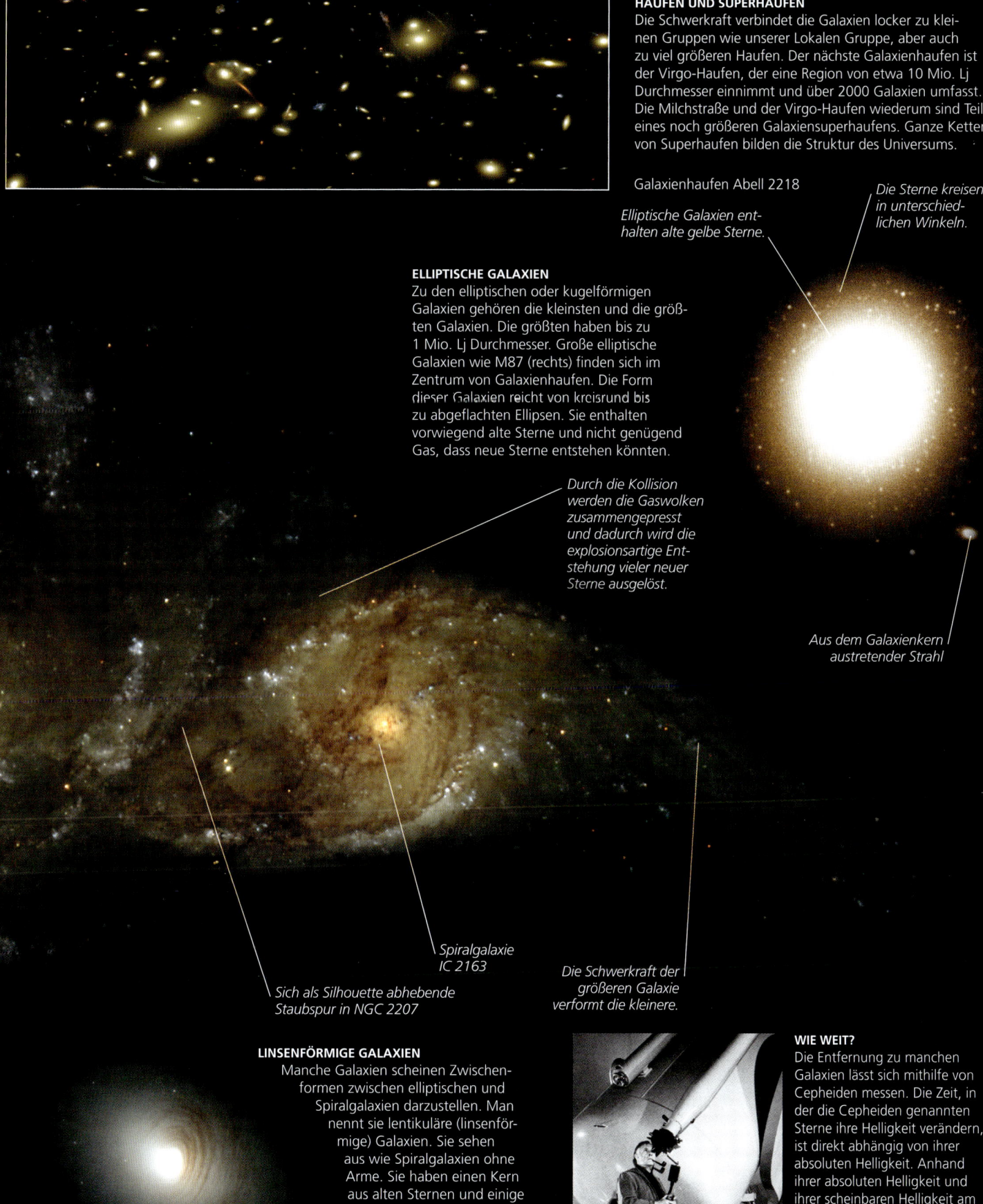

HAUFEN UND SUPERHAUFEN

Die Schwerkraft verbindet die Galaxien locker zu kleinen Gruppen wie unserer Lokalen Gruppe, aber auch zu viel größeren Haufen. Der nächste Galaxienhaufen ist der Virgo-Haufen, der eine Region von etwa 10 Mio. Lj Durchmesser einnimmt und über 2000 Galaxien umfasst. Die Milchstraße und der Virgo-Haufen wiederum sind Teil eines noch größeren Galaxiensuperhaufens. Ganze Ketten von Superhaufen bilden die Struktur des Universums.

Galaxienhaufen Abell 2218

Die Sterne kreisen in unterschiedlichen Winkeln.

Elliptische Galaxien enthalten alte gelbe Sterne.

ELLIPTISCHE GALAXIEN

Zu den elliptischen oder kugelförmigen Galaxien gehören die kleinsten und die größten Galaxien. Die größten haben bis zu 1 Mio. Lj Durchmesser. Große elliptische Galaxien wie M87 (rechts) finden sich im Zentrum von Galaxienhaufen. Die Form dieser Galaxien reicht von kreisrund bis zu abgeflachten Ellipsen. Sie enthalten vorwiegend alte Sterne und nicht genügend Gas, dass neue Sterne entstehen könnten.

Durch die Kollision werden die Gaswolken zusammengepresst und dadurch wird die explosionsartige Entstehung vieler neuer Sterne ausgelöst.

Aus dem Galaxienkern austretender Strahl

Spiralgalaxie IC 2163

Die Schwerkraft der größeren Galaxie verformt die kleinere.

Sich als Silhouette abhebende Staubspur in NGC 2207

LINSENFÖRMIGE GALAXIEN

Manche Galaxien scheinen Zwischenformen zwischen elliptischen und Spiralgalaxien darzustellen. Man nennt sie lentikuläre (linsenförmige) Galaxien. Sie sehen aus wie Spiralgalaxien ohne Arme. Sie haben einen Kern aus alten Sternen und einige junge Sterne in der schmalen Scheibe, die den Kern umgibt. Große Sternentstehungsgebiete gibt es nicht.

Lentikuläre Galaxie NGC 2787

WIE WEIT?

Die Entfernung zu manchen Galaxien lässt sich mithilfe von Cepheiden messen. Die Zeit, in der die Cepheiden genannten Sterne ihre Helligkeit verändern, ist direkt abhängig von ihrer absoluten Helligkeit. Anhand ihrer absoluten Helligkeit und ihrer scheinbaren Helligkeit am Himmel lässt sich ihre Entfernung berechnen. Edwin Hubble (links) berechnete mit dieser Methode 1923 die Entfernung zur Andromeda-Galaxie.

Quasare und andere aktive Galaxien

Die meisten Galaxien geben die Energie von Milliarden strahlender Sterne ab, bei aktiven Galaxien ist die Energieabstrahlung sogar noch größer. Zu ihnen zählen Radiogalaxien, Quasare, Blazare und Seyfert-Galaxien, von denen Quasare wohl am bekanntesten sind. Ihr Name ist eine Abkürzung für „quasi-stellare Radioquelle", weil sie wie schwach leuchtende Sterne aussehen und Radiowellen abgeben. Doch zeigen Quasare gewaltige Rotverschiebungen und müssen daher Milliarden Lichtjahre entfernt sein. Mit starken Teleskopen lässt sich erkennen, dass es sich bei ihnen um Galaxien mit sehr hellen Zentren handelt. Um aus so weiter Entfernung noch sichtbar zu sein, muss ein Quasar mehrere Hundert Mal heller leuchten als normale Galaxien. Plötzliche Helligkeitsveränderungen bedeuten, dass das meiste Licht der Quasare in einer Region entsteht, die nicht viel größer ist als unser Sonnensystem. Heute nimmt man an, dass Quasare und andere aktive Galaxien ihre Energie aus massereichen Schwarzen Löchern beziehen.

QUASARBEOBACHTUNG
Edwin Hubbles ehemaliger Assistent Allan Sandage (1926–2010) entdeckte 1960 ein sternähnliches Objekt, 3C48, das Radiowellen aussandte, konnte aber dessen ungewöhnliches Spektrum nicht deuten. Drei Jahre später stellte sich heraus, dass 3C48 ein Quasar mit großer Rotverschiebung ist.

Kamera

Polierter Metallspiegel zur Reflexion und Bündelung von Röntgenstrahlen

Solarsegel

ERFORSCHUNG AKTIVER GALAXIEN
Durch die hohe Aktivität im Kern von Radiogalaxien entstehen große Mengen hochenergetischer Strahlung, z. B. Röntgenstrahlung. Satelliten wie das *Chandra*-Röntgenteleskop (oben) und das *Spitzer-Space*-Teleskop dienen zur Untersuchung der hochenergetischen Strahlung, was nur jenseits der Erdatmosphäre möglich ist.

RADIOGALAXIEN
NGC 5128 im Sternbild Zentaur ist eine elliptische Galaxie, die von einem dunklen Staubband in zwei Teile geschnitten wird. Sie beherbergt eine starke Radioquelle namens Centaurus A und ist mit 15 Mio. Lj Entfernung die uns am nächsten liegende aktive Galaxie. Dieses Bild kombiniert optische, Röntgen- (blau) und Radiobilder (rot und grün) des Kerns. Ein Halo von Röntgenstrahlen aussendendem Gas umgibt die Galaxie und aus dem Kern tritt ein Jet (Strahl) aus, der sich zu Wolken aufbläht.

Schwache Spiralarme von 36 000 Lj Durchmesser

Ring starker Sternenentstehung um den Kern

Heller Kern von Schwarzem Loch mit Energie versorgt

Seyfert-Galaxie NGC 7742

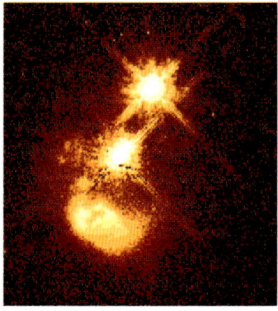

FERNE QUASARE
Das *Hubble*-Weltraumteleskop hat diesen Quasar im Sternbild Bildhauer (Sculptor) entdeckt, der sichtbares Licht abstrahlt. Der starke Energieausstoß des Quasars wird durch die Kollision zweier Galaxien angetrieben – die Reste eines Spiralrings liegen direkt unterhalb des Quasars. Der Quasar ist 3 Mrd. Lj entfernt, der über ihm leuchtende Stern ist wesentlich näher.

SEYFERT-GALAXIEN
Manche Spiralgalaxien besitzen besonders helle Zentren und werden nach dem US-Astronomen Carl Seyfert, der sie 1943 als Erster entdeckte, Seyfert-Galaxien genannt. Sie gelten heute als näher liegende und weniger energiereiche Formen von Quasaren. Etwa eine von zehn Spiralgalaxien scheint eine Seyfert-Galaxie zu sein und vielleicht wird unsere Galaxis auch einmal eine.

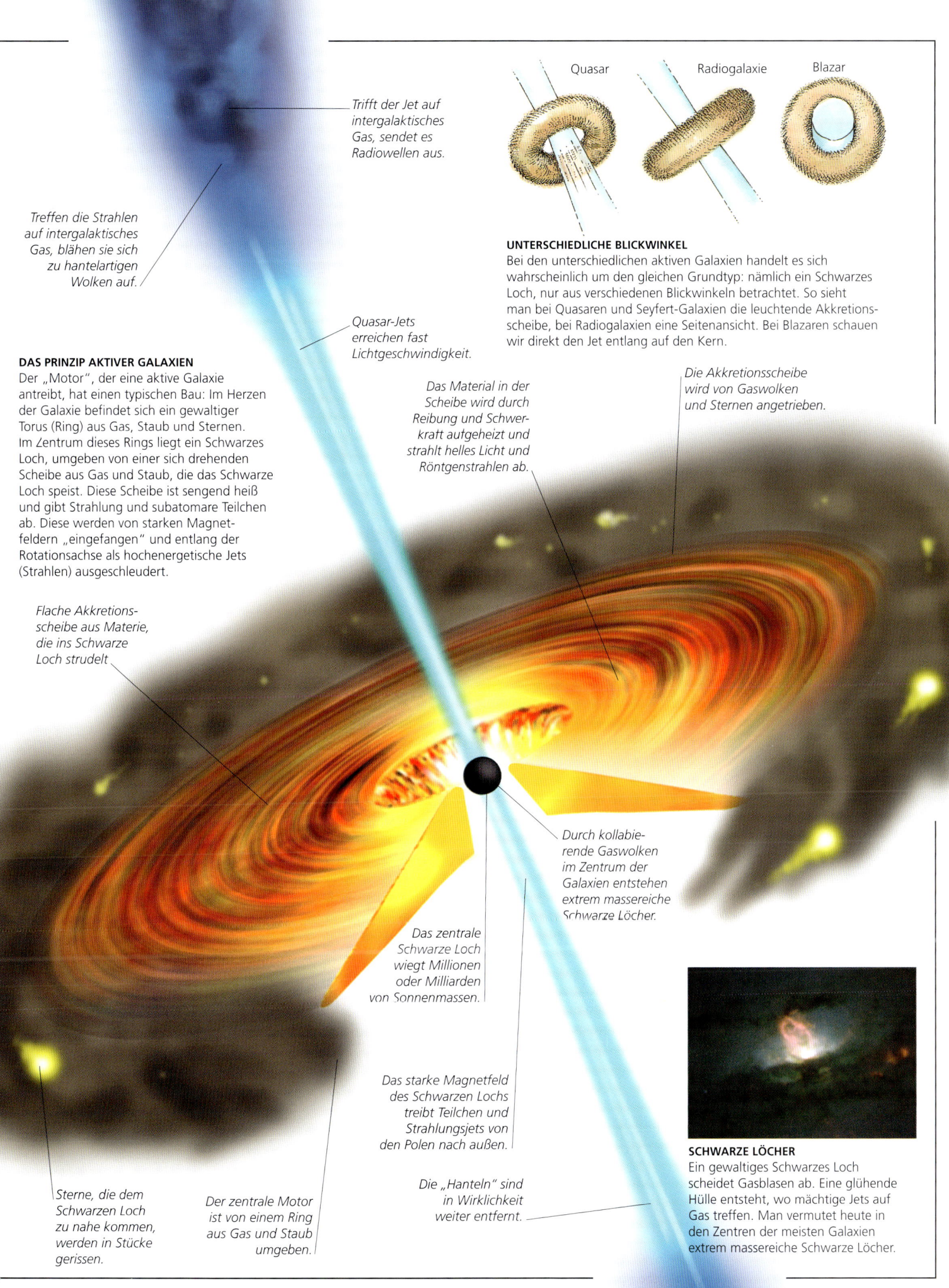

Trifft der Jet auf intergalaktisches Gas, sendet es Radiowellen aus.

Treffen die Strahlen auf intergalaktisches Gas, blähen sie sich zu hantelartigen Wolken auf.

UNTERSCHIEDLICHE BLICKWINKEL

Bei den unterschiedlichen aktiven Galaxien handelt es sich wahrscheinlich um den gleichen Grundtyp: nämlich ein Schwarzes Loch, nur aus verschiedenen Blickwinkeln betrachtet. So sieht man bei Quasaren und Seyfert-Galaxien die leuchtende Akkretionsscheibe, bei Radiogalaxien eine Seitenansicht. Bei Blazaren schauen wir direkt den Jet entlang auf den Kern.

Quasar-Jets erreichen fast Lichtgeschwindigkeit.

DAS PRINZIP AKTIVER GALAXIEN

Der „Motor", der eine aktive Galaxie antreibt, hat einen typischen Bau: Im Herzen der Galaxie befindet sich ein gewaltiger Torus (Ring) aus Gas, Staub und Sternen. Im Zentrum dieses Rings liegt ein Schwarzes Loch, umgeben von einer sich drehenden Scheibe aus Gas und Staub, die das Schwarze Loch speist. Diese Scheibe ist sengend heiß und gibt Strahlung und subatomare Teilchen ab. Diese werden von starken Magnetfeldern „eingefangen" und entlang der Rotationsachse als hochenergetische Jets (Strahlen) ausgeschleudert.

Das Material in der Scheibe wird durch Reibung und Schwerkraft aufgeheizt und strahlt helles Licht und Röntgenstrahlen ab.

Die Akkretionsscheibe wird von Gaswolken und Sternen angetrieben.

Flache Akkretionsscheibe aus Materie, die ins Schwarze Loch strudelt

Durch kollabierende Gaswolken im Zentrum der Galaxien entstehen extrem massereiche Schwarze Löcher.

Das zentrale Schwarze Loch wiegt Millionen oder Milliarden von Sonnenmassen.

Das starke Magnetfeld des Schwarzen Lochs treibt Teilchen und Strahlungsjets von den Polen nach außen.

Sterne, die dem Schwarzen Loch zu nahe kommen, werden in Stücke gerissen.

Der zentrale Motor ist von einem Ring aus Gas und Staub umgeben.

Die „Hanteln" sind in Wirklichkeit weiter entfernt.

SCHWARZE LÖCHER

Ein gewaltiges Schwarzes Loch scheidet Gasblasen ab. Eine glühende Hülle entsteht, wo mächtige Jets auf Gas treffen. Man vermutet heute in den Zentren der meisten Galaxien extrem massereiche Schwarze Löcher.

Ein Universum des Lebens

Unser Planet wimmelt von Leben in fantastischer Vielfalt, doch kennen wir keinen anderen Ort im Sonnensystem oder irgendwo sonst im Universum, wo es Leben gibt. Viele vermuten „da draußen" andere Lebensformen. Allein in unserer Galaxis gibt es Milliarden von Sternen wie die Sonne und manche müssen Planeten haben, auf denen Leben möglich wäre. Dann könnte es auch intelligente Lebewesen geben, die in der Lage wären, mit uns durch das All zu kommunizieren. Seit den 1960er-Jahren wurde eine Reihe von Projekten zur Suche nach extraterrestrischer Intelligenz (SETI) gestartet. Dafür verwendet man Radioteleskope, da Radiowellen (Funkwellen) am ehesten universelle Kommunikationsmittel sind.

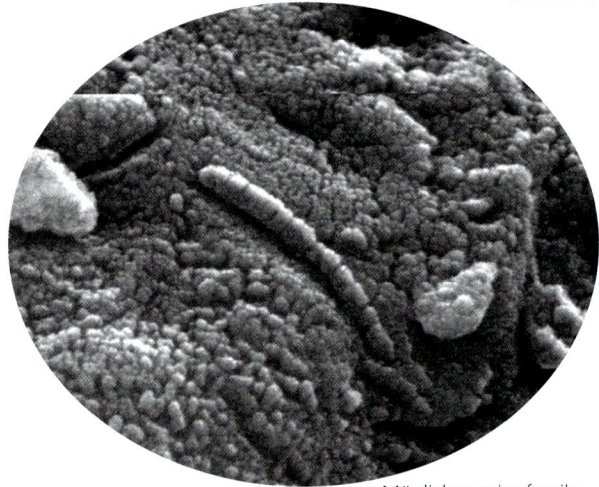

Krabbe auf einem Black Smoker

LEBEN IN EXTREMEN

Früher nahm man an, dass Leben nur unter milden Bedingungen wie auf der Erdoberfläche möglich sei. Doch dann entdeckte man Lebewesen in extremen Lebensräumen, z. B. am Grund der Tiefsee im Bereich der Black Smoker („Schwarze Raucher"), vulkanischer Schlote, die 350 °C heißes schwefeliges Wasser ausspeien.

Möglicherweise fossile Bakterien in einem Marsmeteoriten

LEBEN IM SONNENSYSTEM?

Der Mars galt lange als Ort, wo es Leben geben könnte. Der Planet ist heute lebensfeindlich, doch vor langer Zeit war das Klima möglicherweise gemäßigter. Hätte sich zu jener Zeit dort Leben entwickelt, könnte es fossile Spuren davon im Marsboden geben. 1996 glaubten NASA-Wissenschaftler solche Spuren gefunden zu haben, doch viele blieben skeptisch.

VORBOTEN DES LEBENS

In den interstellaren Gaswolken wurden viele kohlenstoffhaltige organische Moleküle entdeckt, darunter sogar einfache Aminosäuren, wichtige Bausteine des Lebens. Das lässt vermuten, dass Leben im Universum verbreitet ist. Es könnte über Kometen im Weltraum verbreitet werden.

Die Zahlen 1–10 im Binärcode

Lebenswichtige chemische Elemente

Lebenswichtige Moleküle

Schraubenstruktur der DNA

Menschenform und Erdbevölkerung

Lage der Erde im Sonnensystem

Radioteleskop

ZWIESPRACHE MIT AUSSERIRDISCHEN

Die einzige Botschaft, die die Menschheit bisher gezielt an Außerirdische geschickt hat, wurde in digitaler Form als 1679 An-Aus-Impulse (Binärcode) gesendet. Diese Zahl ist das Ergebnis der Multiplikation zweier Primzahlen, 23 und 73, und die Botschaft wird klar, wenn man sie in 73 23-spaltigen Zeilen aufzeichnet. Mit schwarzen Quadraten für Einsen und weißen Quadraten für Nullen ergibt sich ein Piktogramm mit einer Botschaft.

ARECIBO RUFT

Die Botschaft (links) wurde 1974 von dem gewaltigen Radioteleskop in Arecibo ausgestrahlt. Gerichtet war die Botschaft an einen Kugelsternhaufen von 300 000 Sternen. Doch es wird noch 25 000 Jahre dauern, bis die Botschaft dort ankommt.

INTERSTELLARE BOTSCHAFTEN

Die Raumsonden *Pioneer 10* und *11* und *Voyager 1* und *2* sind jetzt auf ihrem Weg durch den Weltraum außerhalb unseres Sonnensystems, im Gepäck Botschaften für Außerirdische. Die *Pioneer*-Sonden haben Bildplaketten an Bord, die *Voyagers* goldene Schallplatten mit „Klängen der Erde".

CHANCEN FÜR LEBEN

Der Radioastronom Frank Drake (geb. 1930) lauschte als einer der Ersten mit Radioteleskopen nach Botschaften von Außerirdischen. Er entwickelte eine Gleichung zur Abschätzung der Zahl kommunikationsfähiger Zivilisationen in unserer Galaxis. Leider wissen wir noch zu wenig über unser Universum, um die Drake-Gleichung richtig anwenden zu können.

Zentraler Stern

Materiehülle

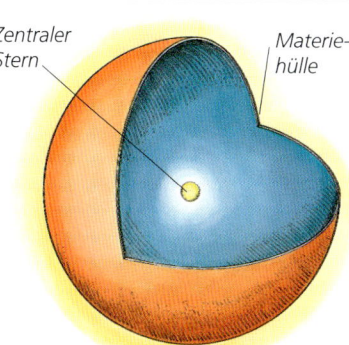

HINWEISE

Der US-Physiker Freeman Dyson argumentierte, dass eine Zivilisation einen Stern vollständig mit einer Kugel umgeben könnte, um die Energie einzufangen. Man könnte nach Außerirdischen suchen, indem man nach solchen Dyson-Sphären sucht, die im Infrarotbereich strahlen.

WIE KÖNNTEN SIE AUSSEHEN?

Es ist fast unmöglich das Aussehen von Lebewesen fremder Welten zu erahnen, doch auf der Grundlage der Evolution können Biologen Vermutungen anstellen. Jedes Lebewesen muss gut an seine Umwelt angepasst sein, um überleben und seine Eigenschaften an die nächste Generation weitergeben zu können. Auf dieser Grundlage kann man Außerirdische wie diesen kleinen Pflanzenfresser von Epsilon Reticuli b „entwerfen".

Der Hals kann eingezogen und gestreckt werden.

„Haare" zur Wahrnehmung von Schallwellen

Borsten isolieren und schützen den Körper.

Augen und eine Nase, die chemische Stoffe wahrnimmt, sind wichtige Sinnesorgane in jeder Umwelt.

Verteidigungsstacheln

Gepanzerter Hinterleib

Sechs Laufbeine mit jeweils sieben Krallen. Vier Beine und fünf Zehen sind nichts Besonderes.

Unser Alien hat ein Außenskelett – es leitet sich von insektenartigen Vorfahren ab.

Grabklaue zum Ausgraben von Pflanzen

Mandibeln rupfen und zerkleinern Nahrung im Zusammenspiel mit kammartigen Zähnen.

KULTURSCHOCK

Wenn tatsächlich einmal Außerirdische aus hoch entwickelten Kulturen auf die Erde kommen, könnten die Auswirkungen auf die Menschheit gewaltig sein. Das Zusammentreffen wäre ein wesentlich größeres Schockerlebnis als 1492 die Entdeckung Amerikas durch Kolumbus und es könnte ebenso zerstörerisch für unsere Kultur sein wie Kolumbus' Entdeckung damals für die Kulturen Amerikas.

EPSILON RETICULI

Das Alien oben könnte auf einem Mond des Riesenplaneten Epsilon Reticuli b, etwa 60 Lj von der Erde entfernt, leben. Der 2000 entdeckte Planet umkreist seinen Stern nur 20 % entfernter als die Erde die Sonne. Der Stern Epsilon Reticuli scheint ein sonnenähnlicher Stern zu Beginn der Rote-Riesen-Phase zu sein.

Fenster ins Weltall

Ein Blick in den Nachthimmel zeigt uns die Sternenpracht des Universums. Da bei Tage das Sonnenlicht die schwachen Lichtquellen der Sterne überstrahlt, bilden sich diese nur nachts als winzige Lichtpünktchen ab. Seit 1922 sind 88 Sternbilder anerkannt und helfen uns, sich am Nachthimmel zu orientieren. Die beiden Sternbildkarten erleichtern deren Identifizierung. Die erste Karte (diese Seite) zeigt den nördlichen Sternenhimmel, die zweite den südlichen, also den auf der Südhalbkugel beobachtbaren Sternenhimmel. Im Jahreslauf kommt es jedoch zu Positionsänderungen.

Sternbilder erkennen

Einige Sternbilder sind relativ leicht zu erkennen, bei anderen helfen Teilbilder das ganze Sternbild zu schließen. Beim Großen Bär ist der Große Wagen mit sieben Sternen Teil seines Schwanzes und Rückens. Er liegt nahe des Polarsterns.

Der Große Wagen

Der Große Wagen als Teil des Großen Bärens

NÖRDLICHER STERNENHIMMEL
Ein Stern am Nachthimmel steht immer an gleicher Stelle – der Polarstern. Um ihn dreht sich wie um eine Achse der Sternenhimmel während einer Nacht (Himmelsnordpol). Der Polarstern (oder Nordstern) ist der hellste Stern im Kleinen Wagen.

KARTEN-GEBRAUCH
Drehe das Buch so, dass der aktuelle Monat unten steht. Dann muss der Beobachter des nördlichen Sternenhimmels sich nach Süden wenden, um die Sterne in der Mitte und am unteren Rand aufzusuchen. Umgekehrt ist es beim südlichen Sternenhimmel, dort muss nach Norden geschaut werden.

Diese Ansicht des Stiers zeigt den hellen Stern Aldebaran links oben, oberhalb des Sternhaufens der Hyaden. Rechts sind die Plejaden.

Im Sternbild des Perseus bilden Hunderte von Sterne einen Doppelsternhaufen (links und rechts des Zentrums).

Die größte Breite und Helligkeit hat die Milchstraße in den Sternbildern Schütze und Skorpion. In deren Umgebung befindet sich das Zentrum unserer Heimatgalaxis sowie einer der ansetzenden Spiralarme.

Der Carina-Nebel im Sternbild Carina ist einer der größten und hellsten Nebel. Er wird von Sternen erhellt, die sich inmitten seiner Gas- und Staubwolken befinden.

Die weiße Strichellinie bedeutet die Ekliptik – den Lauf der Sonne am Himmel.

SÜDLICHER STERNENHIMMEL
Anders als der nördliche hat der südliche Sternenhimmel kein Gegenstück zum Polarstern. Im Zentrum des Südlichen Sternenhimmels, um den die Sterne rotieren, befindet sich lediglich eine sternlose Dunkelzone.

Die hellblauen Zonen sind Teile der Milchstraße und gehören zur Scheibe unserer Heimatgalaxie, die sich wie ein dichtes Sternenband über den Nachthimmel zieht

Die roten Linien funktionieren wie das Gradnetz auf der Weltkugel. Mit ihrer Hilfe lassen sich die Koordinaten von Himmelskörpern beschreiben.

Die Fornax-Zwerggalaxie besteht aus elliptischen Galaxien und ist Teil des Sternbilds des Chemischen Ofens.

Sirius (rechts der Mitte) im Sternbild Großer Hund ist der hellste Stern am Nachthimmel. Links ein Teil des Orion mit den drei Gürtelsternen.

Chronik

Das Universum ist ungefähr 13,75 Mrd. Jahre alt. Es entstand im sogenannten Urknall, einer unvorstellbaren Explosion, in der Raum und Zeit, Energie und Masse ihren Anfang nahmen. Seither dehnt sich das All aus und kühlt sich ab. Seit Jahrtausenden rätseln die Menschen über dessen Beschaffenheit. Anfänglich beobachteten sie nur die nächstliegenden Himmelskörper, dann erfanden sie das Teleskop, später schickten sie sogar Raumsonden los. Gegenwärtig spähen riesige Teleskope bis in entfernteste Galaxien.

Der Krebsnebel, der Rest einer Supernova-Explosion im Jahr 1054

Bereits 1655 werden die Saturnringe beschrieben.

um 4000 v. Chr.
Ägypter, Chaldäer und Hindus benennen große Sterne und fassen sie zu Sternbildern zusammen.

um 2000 v. Chr.
Mond- und Sonnenkalender werden erfunden.

550 v. Chr.
Der griechische Mathematiker Pythagoras vermutet, dass Sonne, Mond und Planeten Kugeln sind.

360 v. Chr.
Der griechische Philosoph Aristoteles meint, dass die Planeten in Kristallkugeln aufgehängt sind und alle Sterne gleich weit entfernt sind. Er erklärt, dass das Universum unveränderlich ist und aus Feuer, Wasser, Erde und Luft besteht.

290 v. Chr.
In Griechenland nutzt der Astronom Aristarchos die Mondfinsternis zur Berechnung der Erde-Mond-Entfernung. Er kommt auf die 31-fache Strecke des Erddurchmessers und auf ein Viertel des Mondvolumens verglichen mit der Erde.

150 v. Chr.
Hipparchos misst die Jahreslänge auf 6 Minuten genau. Er katalogisiert Lage und Helligkeit von Sternen und erklärt, dass der Sonnenumlauf um die Erde wegen der ungleich langen Jahreszeiten elliptisch sein muss.

um 130 v. Chr.
Ptolemäus schreibt seinen *Almagest*, der das astronomische Wissen jener Zeit zusammenfasst und eine Sternenliste in 48 Sternbildern enthält.

um 800 n. Chr.
Arabische Astronomen definieren die Ekliptik (Sonnenlauf am Himmel) und die Umlaufzeiten von Sonne, Mond und Planeten.

1054
Chinesische Astronomen verzeichnen eine Supernova im Sternbild Stier. Ihre Reste wabern als Krebsnebel an dieser Stelle.

1252
In Spanien bestellt König Alfons X. die Alfonsinischen Tafeln, welche die genauen Planetenpositionen auflisten.

1420
Der Timuridenfürst Ulugh Beg baut ein Observatorium in Samarkand (heute Usbekistan). Sein Katalog der mit bloßem Auge erkennbaren Sterne ist der erste seit jenem von Hipparchos.

1543
Nikolaus Kopernikus veröffentlicht *Von den Umdrehungen der Himmelskörper*. In dem Buch stellt er die Erde ins Zentrum des Sonnensystems.

1572
Der dänische Adelige Tycho Brahe beobachtet im Sternbild Kassiopeia eine Supernova und verortet sie hinter den Mond. Sterne sind bei ihm keineswegs ortsfest, sondern in ihrer Position veränderlich.

1609
Der deutsche Astronom Johannes Kepler formuliert zwei neue Gesetze. Erstens, dass Planeten elliptische Bahnen um die Sonne haben, die in einem der Ellipsenbrennpunkte steht. Zweitens, dass die Planetengeschwindigkeit mit der Entfernung von der Sonne abnimmt.

1610
Galileo Galileis Teleskopuntersuchungen werden in seinem *Sidereus Nuncius* veröffentlicht. Er zeigt, dass die Mondoberfläche gebirgig ist, Jupiter vier Monde hat und die Sonne Flecken hat und sich dreht. Galileo meint, dass die Venusphasen zeigen, dass die Sonne im Zentrum des Sonnensystems liegen müsse, nicht die Erde. Er erklärt, dass die Milchstraße aus Myriaden von Sternen besteht, die weit entfernte Sonnen sind.

1619
Johannes Kepler formuliert sein drittes Gesetz, das die mathematische Beziehung zwischen einer Planetenumlaufbahn und seiner mittleren Entfernung von der Sonne beschreibt.

1655
Christiaan Huygens, ein niederländischer Mathematiker und Astronom, erkennt das Ringsystem des Saturns und seinen Mond Titan.

1675
Ole Römer gelingt in Dänemark mithilfe der Umlaufzeiten der Jupitermonde die Bestimmung der Lichtgeschwindigkeit.

1686
Der englische Astronom Edmond Halley zeigt, dass „sein" Komet wiederkehrt und Teil des Sonnensystems ist. Seine Periode beträgt 76 Jahre.

1687
Isaac Newton, ein englischer Physiker, publiziert in dem Buch *Principia* seine Theorie der Schwerkraft. Sie erklärt den Umlauf der Planeten um die Sonne und erlaubt eine Schätzung der Sonnen- und Erdmasse.

1761 und 1769
Astronomen beobachten den Durchgang der Venus vor der Sonne, mit dessen Hilfe sie die Entfernung zwischen Sonne und Erde genau bestimmen können.

1769
Die erste Wiederkehr des Halleyschen Kometen beweist, dass das Gesetz der Schwerkraft auch am Rand und außerhalb des Sonnensystems gilt.

1781
Wilhelm Herschel entdeckt den Planeten Uranus mit einem selbstgebastelten Teleskop auf seinem Grundstück in Bath (England).

1784
Der Franzose Charles Messier erstellt den nach ihm benannten Katalog mit Nebeln, Galaxien und Sternenhaufen.

1785
Wilhelm Herschel skizziert die Gestalt der Milchstraße.

Wilhelm Herschel entdeckt 1781 den Uranus.

1801
Giuseppe Piazzi, ein italienischer Mönch, entdeckt den ersten Asteroiden namens Ceres.

1815
Der deutsche Optiker Joseph von Fraunhofer entdeckt die nach ihm benannten Linien im Sonnenspektrum.

1838
Der deutsche Astronom Friedrich Bessel berechnet die Entfernung zum Stern 61 Cygni auf 11 Lichtjahre. Diese Zahl bezeichnet die erste Streckenberechnung außerhalb des Sonnensystems.

1840
John W. Draper fotografiert in den USA den Mond. Diese Technik wird erstmalig für die Wissenschaft eingesetzt.

1846
Neptun ist eine Entdeckung, die auf Newtons Schwerkraftgesetzen beruht. Seine Bahn wird entdeckt, weil er die des Uranus sichtbar stört.

1864
In England verwendet William Huggins ein Spektrometer, um Kohlenstoff im Spektrum von Kometen nachzuweisen. In Sternen entdeckt er dieselben chemischen Elemente wie auf der Erde.

1879
Der österreichische Mathematiker und Physiker Josef Stefan weist nach, dass die von Sternen abgestrahlte Energie proportional zu seiner Oberfläche und Oberflächentemperatur ist. Sein Gesetz erlaubt es, Sterngrößen zu bestimmen.

1890
Bis jetzt sind rund 30 Sternentfernungen bestimmt und die Astronomen gehen dazu über, Sterne statistisch zu erfassen.

1900
Neue Erkenntnisse zur natürlichen Radioaktivität helfen, um das Alter der Erde sowie der Sonne auf über eine Milliarde Jahre zu schätzen.

1905
Albert Einstein stellt die berühmte Formel $E = mc^2$ auf. Sie bedeutet, dass Energie (E) durch Umwandlung von Masse (m) entsteht. Und sie bildet die Grundlage dessen, was im Innern von Sternen im Sinne der Energieerzeugung passiert.

1910
Mithilfe eines von dem Dänen Ejnar Hertzsprung und dem Amerikaner Henry Russel erstellten Diagramm kristallisieren sich zwei Gruppen von Sternen heraus: „Zwerge" und „Riesen".

1912
Die amerikanische Astronomin Henrietta Leavitt findet heraus, dass die Zeiträume zwischen den maximalen Helligkeiten der großen Cepheiden-Sterne proportional zur Leuchtkraft sind. Damit kann man Sternentfernungen messen.

1917
Das 250-cm-Hooker-Teleskop auf dem kalifornischen Mount Wilson entdeckt Cepheiden-Sterne im Andromeda-Nebel. Das bedeutet, dass er eine Galaxie ist – und zwar die erste außerhalb unserer Milchstraße.

Charged-Coupled-Device (CCD), 1980

1920
Der Amerikaner Harlow Shapley findet heraus, dass die Sonne nicht im Zentrum der Milchstraße steht, sondern zu zwei Drittel entfernt in Richtung Galaxienrand.

1925
Cecilia Payne-Gaposchkin, eine britisch-amerikanische Astronomin zeigt, dass 75 % eines Sterns aus Wasserstoff besteht.

1926
Der englische Astrophysiker Arthur Eddington entdeckt, dass die Leuchtkraft eines Sterns direkt von seiner Masse abhängt.

1927
Der Amerikaner Edwin Hubble weist nach, dass das Universum sich ausdehnt. Je weiter entfernt, umso schneller bewegt sich eine Galaxie.

1930
Pluto wird vom Amerikaner Clyde Tombaugh entdeckt.

1931
Der amerikanische Physiker Karl Jansky empfängt Radiowellen aus dem Zentrum der Milchstraße.

Cecilia Payne-Gaposchkin, 1925

1931
Der belgische Forscher Georges Lemaître meint, dass das Universum im sogenannten Urknall explodierte und unaufhaltsam wächst.

1939
Der Deutsch-Amerikaner Hans Bethe zeigt, dass die Verschmelzung von Wasserstoff- zu Heliumkernen die Energie im Innern der Sterne liefert.

1955
Der Engländer Fred Hoyle und sein deutscher Kollege Martin Schwarzschild zeigt, wie in großen Sternen Helium- zu Sauerstoff- und Kohlenstoffkernen verschmelzen und wie schwere Elemente wie Kobalt und Eisen bei der Explosion von Supernovae entstehen.

Eris, neu klassifiziert 2006 und 2008

1963
Der erste Quasar wird erfasst – Objekt 3C48.

1965
Die Amerikaner Arno Penzias und Robert Wilson entdecken die kosmische Hintergrundstrahlung, die als „Nachhall" des Urknalls gedeutet wird.

1967
Der Ire Jocelyn Bell-Burnell entdeckt den ersten Pulsar.

1971
Das erste Schwarze Loch, Cygnus X-1, wird mittels seiner Auswirkung auf den Nachbarstern entdeckt.

1980
In den USA sagt Vera Rubin, dass viele Galaxien Dunkle Materie enthalten, die ihre Rotationsgeschwindigkeit beeinflusst.

1980
Der US-Kosmologe Alan Guth wandelt die Urknalltheorie ab. Er fühlt den Begriff des „inflationären Universums" ein, das in den ersten Augenblicken exponentiell gewachsen sein soll.

1980
CCD (Charged-Coupled-Devices, Chips in Digitalkameras) werden in der Astronomie eingesetzt. Sie transformieren zu fast 100 % das Licht in elektrische Signale.

1992
Das erste Objekt im Kuiper-Gürtel wird von dem Engländer David Jewitt und der Vietnamesin Jane Luu entdeckt.

1992
Erste Sichtung von Exoplaneten – Objekte, die andere Sterne als die Sonne umkreisen. Sie drehen sich um den Pulsar PSR 1257+12.

1995
Der erste Exoplanet des Hauptreihensterns 51 Pegasi wird entdeckt.

2006
Nach der Entdeckung von Eris im Jahr 2005 wird die Kategorie „Zwergplanet" eingeführt. Pluto wird zum Zwergplaneten herabgestuft.

2008
Eris und Pluto werden fortan als „Plutoide" bezeichnet, die jenseits von Neptun ihre Bahn ziehen.

Neugierig geworden?

Bücher ermöglichen zwar auf vielfältige Weise den Zutritt zu den Geheimnissen des Universums, aber du solltest ruhig das Sofa auch mal verlassen. Gehe ins Freie und lasse dich Monat für Monat vom wechselnden Nachthimmel faszinieren. Am besten, du suchst dir Gleichgesinnte, denn in der Gruppe macht Sternenbeobachtung noch mehr Spaß. Besuche ein Observatorium, wo sich Astronomen mit offenen Fragen zum Universum beschäftigen. Museen und Raumfahrtzentren erzählen die Geschichte der Raumfahrt. Es ist ein unvergleichliches Erlebnis, wenn eine Weltraumrakete mit Astronauten an Bord vom Raumfahrtbahnhof abhebt.

Das Raumfahrtzentrum Tanegashima (Japan)

RAUMFAHRTZENTREN

Einige Raumfahrtzentren haben Zuschauerbereiche, von wo aus man den Start eines Shuttles oder einer Rakete miterleben kann. Oder wo man den Ingenieuren zusehen kann, wie sie den nächsten Abschuss vorbereiten. Auf ihren Webseiten erläutern die Zentren wie das Tanegashima-Zentrum (Japan) und das Kennedy-Raumfahrtzentrum (Florida), wie die nächsten Starts vorbereitet werden.

RADIOTELESKOPE

Anders als ihre optischen Gegenstücke sind Radioteleskope an keine besonderen Landschaftsgebiete gebunden und leicht zugänglich. Einrichtungen wie Jodrell Bank (England), Parkes (Australien) und Green Bank (USA) heißen Besucher jederzeit willkommen. Man kommt sehr nahe an die Teleskope heran und erfährt im Besucherzentrum, wie sie gehandhabt werden.

Das Parkes-Radioteleskop (Australien)

Besuche doch mal …

DEUTSCHES MUSEUM (MÜNCHEN)

In diesem größten naturwissenschaftlich-technischen Museum der Welt gibt es eine der weltweit größten Astronomie-Ausstellungen. Besonders interessant:

- die Sternwarte, in der man auch tagsüber Sonne, Mond, Planeten und Sterne beobachten kann.
- das Planetarium ermöglicht eine eindrucksvolle Reise durch das Weltall.
- das Sonnenteleskop, mit dem sich die Sonne ganz nah betrachten lässt.

PLANETARIUM

Überall in Deutschland gibt es Planetarien, in denen mit speziellen Projektoren spektakuläre Bilder von Sternenhimmel, Weltraum und astronomischen Phänomenen simuliert werden können. Häufig werden z. B. auch Multimedia-Shows angeboten. Die größten Planetarien Deutschlands befinden sich in Berlin, Bochum, Hamburg, Jena, Mannheim, Münster, Nürnberg und Stuttgart.

OBSERVATORIEN

Die meisten leistungsfähigen optischen Observatorien stehen auf Bergen, wegen der reineren Luft. Es gibt nur wenige, die Programme für Publikum anbieten und leicht erreichbar sind. Man kann sich dort umsehen und bei einigen auch einen Blick durchs Teleskop werfen. Dazu gehören Yerkes (bei Chicago), Greenwich (London) und Meudon (Paris).

Yerkes-Observatorium (USA)

Planetarium in Mexiko-Stadt

PLANETARIEN UND MUSEEN

Ein Besuch in einem Planetarium – ein runder Raum, auf den der Nachthimmel mit den Sternbildern projiziert wird – erklärt dir das nächtliche Himmelsgewölbe. Wenn das Licht langsam erlischt, erscheint das Sternenuniversum auf der dunklen Decke. Lerne Sternbilder kennen, bevor es zu einzelnen Planeten geht. Viele Naturmuseen präsentieren Teleskope, Raumsonden, Raumanzüge und Meteoriten, die auf die Erde einschlugen.

Tubus mit Spiegel, der das einfallende Sternenlicht bündelt

Licht fällt ein.

Sucher zur schnellen Orientierung

Okular

Tragbares Teleskop für den Amateur

Halterung trägt das Teleskop. Sie hält Schritt mit der Erdumdrehung.

Stabiles Dreibein

Beobachterin mit Feldstecher

ASTRONOMIE ZU HAUSE

In einer klaren, mond- und wolkenlosen Nacht breitet sich am Nachthimmel das ganze sichtbare Universum vor uns aus. Schon in einer normalen Stadt ist es möglich, bis zu 300 Sterne mit bloßem Auge zu erkennen, auf dem Land und in dunkler Umgebung sind es zehn Mal mehr. Mit einem Fernglas siehst du natürlich noch mehr und es steigert die Auflösung, was beim Betrachten des Monds oder von Sternhaufen sofort auffällt. Teleskope ziehen die Objekte noch viel näher heran und lassen sie heller und größer erscheinen.

GLEICHGESINNTE TREFFEN

Zusammen in der Gruppe Sterne zu beobachten, macht großen Spaß und erweitert das astronomische Wissen. In vielen Städten und Gemeinden geben die Volkshochschulen Astronomiekurse. Sie haben eigene Teleskope und veranstalten regelmäßig Beobachtungsabende. Unter ihren Mitgliedern befinden sich manchmal professionelle Astronomen, die interessante Informationen liefern. Auch zu speziellen Treffen wie zu Sonnen- oder Mondfinsternissen laden solche Gruppen ein.

Glossar

AKTIVE GALAXIE Eine Galaxie, die außerordentliche Energiemengen ausstößt, die auf ein massives Schwarzes Loch im Zentrum zurückgehen.

ASTEROID Kleiner Gesteinsbrocken im Sonnensystem und Teil des Asteroidengürtels, der sich zwischen Mars und Jupiter befindet.

ASTRONOMIE Wissenschaft über alle Aspekte des Universums wie Sterne, Planeten und interstellare Materie.

ATMOSPHÄRE Von der Schwerkraft festgehaltene Gasschicht um einen Planeten, Mond oder Stern außerhalb seiner Fotosphäre.

BALKENSPIRALGALAXIE Galaxieform mit Spiralarmen, die an langen Balken ansetzen.

BRAUNER ZWERG Kleiner Zwergstern, dem es an Masse fehlt, um die Kernfusion wie ein normaler Stern zu starten.

CEPHEIDEN Veränderliche Sterne mit Leuchtkraftschwankungen aufgrund von pulsierenden Volumenänderungen.

DOPPELSTERNE System aus zwei sich gegenseitig um das jeweilige Massezentrum umkreisenden Sternen.

DUNKLE ENERGIE Hypothetische Energieform, die bis zu 73 % der Energie im Universum ausmacht.

DUNKLE MATERIE Hypothetische, nicht sichtbare Materieform, die sich nur durch ihren Schwerkrafteinfluss auf ihre Umgebung bemerkbar macht. Macht 23 % der Materie im Universum aus.

EKLIPTIK Die jährliche scheinbare Bahn der Sonne am Himmel.

ELEKTROMAGNETISCHE STRAHLUNG Energiewellen, die von Himmelskörpern ausgesandt werden. Dazu zählen Licht, Röntgen-, Gamma- und Infrarotstrahlung sowie Radiowellen.

ELLIPTISCHE GALAXIE Rundliche bis ovale Galaxieform.

ERDÄHNLICHE PLANETEN wie Gesteinsplaneten Merkur, Venus, Erde und Mars, die restlichen sind Gasplaneten.

Komet McNaught (2007)

Barringer-Krater (Arizona, USA)

EXOPLANET Planet außerhalb des Sonnensystems.

EXTRATERRESTRISCHES LEBEN Leben außerhalb der Erde. Es wurde bisher noch nicht nachgewiesen.

FINSTERNIS Verdunklung eines Himmelskörpers durch den Schatten eines anderen. Eine Sonnenfinsternis entsteht, wenn der Mond sich optisch vor die Sonne schiebt und sein Schatten auf die Erde fällt. Während der Mondfinsternis wandert der Mond in den Erdschatten.

FOTOSPHÄRE Gashaltige, sichtbare Außenatmosphäre der Sonne.

GALAXIE Große Gruppe von Sternen, Gas und Staub, die durch Gravitation zusammenhalten. Die Sonne ist ein Stern in unserer Heimatgalaxie Milchstraße, die auch Galaxis genannt wird.

GASRIESE Großer Planet, der vorwiegend aus Wasserstoff und Helium besteht und in einer Gashülle den Planeten bedeckt. Im Sonnensystem sind das der Jupiter, Saturn, Uranus und Neptun.

HAUPTREIHENSTERN Ein Stern, der wie die Sonne Wasserstoff zu Helium verbrennt und zu einer Klasse in der Mitte des Hertzsprung-Russel-Diagramms gehört.

HELLIGKEIT Maß für die Lichtstärke eines Sterns von der Erde aus betrachtet. *Siehe* Leuchtkraft

HERTZSPRUNG-RUSSEL-DIAGRAMM Diagramm aus den Achsen Leuchtkraft und Oberflächentemperatur von Sternen, die sich anhand dieser Größen klassifizieren lassen.

INTERSTELLARE MATERIE Gas und Staub zwischen den Sternen einer Galaxie.

IRREGULÄRE GALAXIE Strukturlose Galaxieform.

KERN Zentrum von Kometen, Galaxien und auch Atomen.

KERNFUSION Prozess der Energiegewinnung im Inneren der Sterne. Wasserstoff-Atomkerne verschmelzen zu Heliumkernen unter Abstrahlung riesiger Energiemengen.

KOMET Kleiner Himmelskörper aus Eis und Staub mit großer Umlaufbahn um die Sonne. Bei Annäherung an die Sonne verliert er Material in Gestalt eines langen Schweifs.

KORONA Äußere Region um die Sonnenatmosphäre.

KOSMOLOGIE Wissenschaft vom Universum, seiner Entstehung und seinem Aufbau.

KRATER Vertiefung auf einer Planeten- oder Mondoberfläche durch Meteoriteneinschlag. Ein Vulkankrater ist das Ergebnis des Auswurfs vulkanischen Materials (Lava).

KUGELSTERNHAUFEN Fast kugelrunde Anhäufung sehr alter Sterne, die sich vorwiegend im Halo (Saum) einer Galaxie konzentrieren.

KUIPER-GÜRTEL Flache Umlaufbahn zahlreicher Meteoriten- und Kometenbrocken jenseits von Neptun.

Der Gasplanet Neptun

LEUCHTKRAFT Gesamtenergie, die ein Stern in einer Sekunde abstrahlt.

LICHTGESCHWINDIGKEIT Gleichbleibende Geschwindigkeit von 299 792,458 m/s, mit der sich Lichtwellen und andere elektromagnetische Wellen ausbreiten.

LICHTJAHR Astronomisches Längenmaß außerhalb des Sonnensystems. Ein Lichtjahr ist die Strecke, die Licht in einem Jahr zurücklegt, also 9,46 Bio. km.

LINSENFÖRMIGE GALAXIE Galaxieform mit mandelförmigem Profil.

LOKALE GRUPPE Ansammlung von mehr als 40 Galaxien, von denen eine die Milchstraße ist.

MASSE Die Menge an Material eines Objekts.

METEORIT Bruchstück eines Planeten, Monds oder Kometen, das auf seinem Weg durch das Sonnensystem auf der Erde landet. Seine Leuchtspur am Himmel wird als Meteor bezeichnet.

MILCHSTRASSE Spiralgalaxie und Heimatgalaxie unserer Sonne. Am Nachthimmel macht sie sich als breites Band unzähliger Sterne bemerkbar.

MOND Begleiter der Erde oder Begleiter eines Planeten.

NEBEL Riesige Staub- und Gaswolke im interstellaren Raum.

NEUTRONENSTERN Extrem dichter, schwerer Himmelskörper, Überrest eines ehemaligen, als Supernova explodierten Riesensterns. Besteht nur aus Neutronen.

NOVA Ein Stern, der plötzlich mit mindestens 1000-facher Leuchtkraft hell aufleuchtet, um rasch wieder auf Normalmaß zurückzufallen.

OBSERVATORIUM Wissenschaftlich genutztes Gebäude mit beweglichem Dach, unter dem Teleskope zur Beobachtung positioniert werden können.

OORTSCHE WOLKE Diffuse Ansammlung von kometenartigen Objekten rund um das Sonnensystem. Anzahl bis zu einer Billion.

ORBIT (UMLAUFBAHN) Der Weg, den ein kosmischer Körper um einen anderen nimmt.

PLANET Himmelskörper, der einen Stern umkreist und dessen Licht reflektiert.

PLANETARISCHER NEBEL Farbig schimmernde Gaswolke, die ein sterbender Stern zu Ende seines Lebens abgibt.

POLARLICHT Farbig aufleuchtendes Atmosphärengas an den Polen infolge eintreffender Partikelströme (Sonnenwind).

Bruchstück eines Meteoriten

PROTOSTERN Frühe Phase eines Sternenlebens. Eine riesige Gaswolke verdichtet sich so lange, bis die Kernfusion im Zentrum zündet.

PULSAR Rasend schnell sich drehender Neutronenstern, der bei jeder Umdrehung einen gebündelten Radiowellenstrahl aussendet, was wie ein Leuchtfeuer wirkt.

QUASAR Eine weit entfernte, aktive Galaxie von extremer Leuchtkraft.

RADIOGALAXIE Eine aktive Galaxie, deren Radiowellenabstrahlung extrem leuchtstark ist.

ROTER RIESE Großer roter leuchtstarker und aufgeblähter Stern, der sich im Endstadium seiner Entwicklung befindet.

SATELLIT Natürlicher oder künstlicher Körper, der einen anderen, viel größeren Körper umkreist.

SCHWARZES LOCH Zone extremer Masseansammlung im Raum, entstanden durch den Zusammenbruch eines sehr großen Sterns, dessen Kern sich unter der Schwerkraft verdichtet hat. Die hohe Dichte hält sogar Licht gefangen. Supermassive Schwarze Löcher sind durch Einfangen anderer Sterne entstanden.

SCHWERKRAFT (GRAVITATION) Anziehungskraft zwischen Massen.

SEYFERT-GALAXIE Aktive Galaxie mit Spiralarmen, die einen extrem kompakten und leuchtstarken Kern hat.

SONNENFLECKEN Dunkle, kühlere Zonen auf der Oberfläche der Sonne und anderer Sterne.

SONNENFLECKENZYKLUS Elfjährige Periode der Bildung von Sonnenflecken.

SONNENSYSTEM Die Sonne mit all ihren sie umkreisenden Objekten.

SPEKTRALKLASSE Einordnung eines Sterns anhand seiner Spektrallinien. Die Hauptklassen folgen den Buchstaben O, B, A, F, G, K und M.

Katzenaugen-Nebel (NGC 6543), ein planetarischer Nebel

SPIRALGALAXIE Galaxieform mit Spiralarmen, die an einem verdickten Zentrum ansetzen. Die Milchstraße zählt zu dieser Galaxieform.

STERN Kosmischer rotierender Körper aus extrem heißen Gasen, der in seinem Zentrum Energie durch Kernfusion erzeugt und als Strahlung abgibt.

STERNBILDER Traditionelle, von Sternen gebildete Formen mit mythischem Hintergrund. Gesamtzahl 88.

STERNHAUFEN Gruppe von Sternen oder Galaxien, die infolge von Anziehungskräften Anhäufungen bilden.

STERNSCHNUPPE Umgangssprachlich für Meteor.

SUPERHAUFEN Riesige Ansammlung von Galaxien. Die Milchstraße gehört zu einer Ansammlung namens „Lokale Gruppe", die ihrerseits zum „Lokalen Superhaufen" zählt.

SUPERNOVA Gewaltige Explosion eines massiven Sterns, die kurze Zeit das Millionenfache der normalen Leuchtkraft abstrahlt. Der Explosionsrest ist lange Zeit als farbiger Nebel sichtbar.

Spiralgalaxie (NGC 4414)

TELESKOP Rohrförmiges Instrument mit Linsen und Spiegeln, die das Licht weit entfernter Objekte einfangen, bündeln und vergrößern. Ein Radioteleskop macht das mit Radiowellen.

ÜBERRIESE Sehr großer und sehr leuchtstarker Stern mit bis zu 1000-fachem Radius der Sonne.

UNIVERSUM Alles was existiert: Galaxien, Sterne, Planeten, der Weltraum dazwischen und alle Dinge auf der Erde.

URKNALL Explosion, die das Universum hervorbrachte und Ursprung aller Materie, Raum und Zeit ist.

VERÄNDERLICHE STERNE Sterne, deren Leuchtkraft schwankt infolge unregelmäßiger Energieproduktion. *Siehe* Nova und Cepheiden

WELTRAUM Der Raum außerhalb der Erde mit all seinen Sternen, Galaxien und interstellarer Materie.

WEISSER ZWERG Stern am Ende seines „Lebens", die Kernfusion ist erloschen, der geschrumpfte Rest ist zwar heiß, die Leuchtkraft aber gering.

ZWERGPLANET Fast kugelförmiger Himmelskörper des Sonnensystems außerhalb der Neptunbahn.

Register

Bildnachweis und Dank

Dorling Kindersley dankt Darren Naish und Mark Longworth für Epsilon Reticuli b Alien; Peter Bull für Zeichnungen; Jonathan Brooks und Sarah Mills für die Bildrecherche.

Für diese Ausgabe: Carole Stott für die Assistenz bei den Aktualisierungen; Lisa Stock für die Redaktionsassistenz; Sue Nicholson und Edward Kinsey für das Poster.

Der Verlag dankt den folgenden Personen und Institutionen für die freundliche Genehmigung für den Abdruck von Fotos:

(Abkürzungen: o = oben, go = ganz oben, u = unten, m = Mitte, l = links, gl = ganz links, r = rechts, gr = ganz rechts, Hg = Hintergrund)

Agence France Presse: 52ul. akg-images: 39gor, 45ur; Cameraphoto 40gol.Alamy Images: Classic Image 66u; Danita Delimont / Russell Gordon 69gom. Anglo- Australian Observatory: David Malin 51gor. The Art Archive: Musée du Louvre Paris / Dagli Orti (A) 27mr. Bridgeman Art Library, London / New York: Archives Charmet 47ur. British Museum: 6ul. © CERN Geneva: 2gor, 10ul.Corbis: 62uc; Lucien Aigner 14gol; Yann Arthus-Bertrand 8ml; Bettmann 3gol, 7gor, 12ul, 18gol, 32ml, 59ur, 67ml; Araldo de Luca 20gol; Dennis di Cicco 40–41m; Paul Hardy 14mlu; Charles & Josette Lenars 70gom; NASA 8mlu, 39ur; Michael Neveux 4mr, 6m; Robert Y. Ono 45ul; Enzo & Paolo Ragazzini 6um; Roger Ressmeyer 4ml, 13gol, 17gor, 62mr, 68ur, 68ml, 69ul; Paul A. Souders

29gor; Stapleton Collection 45mr; Brenda Tharp 53mlo; Robert Yin 29ur. DK Images: Natural History Museum, London 71gom. European Space Agency: 11mru; D. Ducros 17ul; ISO / ISOCAM / Alain Abergel 11ur; NASA 40m. © Stéphane Guisard: 70ul. Mit frdl. Genehmigung von JAXA: 68qor.Mary Evans Picture Library: 8gol, 26um, 27mru, 31ur, 41mr, 56gol, 63ul; Alvin Correa 31ur. Galaxy Picture Library: 25gol, 56ml, 57m, 57ur, 59mro. Getty Images: Barros & Barros 16gor; Sean Hunter: 29mro. Kobal Collection: Universal 22m. FLPA – Images of nature: B. Borrell 22mu, 22mru. NASA: 2u, 2ml, 3m, 3gor, 5gor, 9m, 9ul (x6), 11gol, 16ur, 17ur, 18ml, 18m, 19gor, 23gor, 23mo, 23mr, 23ur, 26, 27gor, 27ur, 27ul, 27rl, 29mr, 30ur, 31mr, 31om, 33gor, 33ul, 35mro, 35ul, 35um, 35om, 37mr, 38–39m, 50–51u, 55ur; Craig Attebery 35ur; AURA / STSmI 49gor; Boomerang Project 13m; Carnegie Mellon University 39mr; W.N. Colley und E. Turner (Princeton University), J.A. Tyson (Bell Labs, Lucent Technologies) 15mr; CXC / ASU/J 52m; ESA und The Hubble Heritage Team (STScI / AURA) 47um; HST Comet Science Team 32um; Institute of Space und Astronautical Sciences, Japan 21gor; JHUAPL 39gol, 39gom; JPL 8mo, 32m, 32ul, 33gom, 33mro, 33m, 33om, 36mu, 36um, 18ul, 66mlo, 66gor, 70mr; JPL / University of Arizona 32–33; JSC 62ml; NASA HQ-GRIN 71mr; NOAO, ESA und The Hubble Heritage Team (STScI / AURA) 47gor; SOHO 20ul; Mit frdl. Genehmigung des SOHO / Extreme Ultraviolet Imaging Telescope (EIT) consortium 21ul; STScI 7um, 9gor, 43gol, 48u, 49mr, 49ur, 58–59m, 59gom, 59ul, 60ml, 60ul, 60ur, 61ur; STScI / COBE / DIRBE Science

Team 8ul; TRW 60mr; Dr. Hal Weaver und T. Ed Smith (STScI) 40ul. Musée de la Poste, Paris: 37m. National Maritime Museum: 4gor, 7mro, 43um; NOAA: OAR / National Undersea Research Program (NURP) 62gol. NOAO / AURA / NSF: N.A.Sharp 58; Pikaia: 2mro, 2mru, 4gol, 6–7, 9ml, 12um, 14ul, 14–15, 15ur, 24–25, 26gor, 27gom, 29gom, 30l, 31gor, 31ml, 36l, 37gom, 37um, 37ur, 44ul, 48gol, 49gol, 52ml, 53u, 56ul, 61m, 62ul, 62ur, 64ur, 65gor. Vicent Peris (OAUV / PTeam), astrophotographer of the Astronomical Observatory of the University of Valencia (OAUV): MAST, STScI, AURA, NASA – Image processed with PixInsight at OAUV. Based on observations made with the NASA / ESA Hubble Space Telescope, obtained at the Space Telescope Science Institute, which is operated by the Association of Universities for Research in Astronomy, Inc., under NASA contract NAS 5-26555. 71ul. Photolibrary: Corbis 64–71 Hg. Science Photo Library: 10ml, 31ul, 31ul, 34ur, 38ml; Michael Abbey 39ul; Estate of Francis Bello 60gol; Lawrence Berkeley Laboratory 15mru; Dr Eli Brinks 55gor; Celestial Image Co. 47m, 65ul; Luke Dodd 46ul; Bernhard Edmaier 28ml; Dr Fred Espenak 6–7, 8–9, 26ul; Mark Garlick 19gol, 43gor, 67ur; D.Golimowski, S.Durrance & M.Clampin 49ml; Hale Observatories 52gor; David A Hardy 12–13, 36m, 51ur; Harvard College Observatory 19ur, 43ur; Jerry Lodriguss 64ul; Claus Lunau / FOCI / Bonnier Publications 41ul; Maddox, Sutherland, Efstathiou & Loveday 9ur; Allan Morton / Dennis Milon 41ul; MPIA-HD, Birkle, Slawik 7mr, 57gom; NASA 13gor, 28ul, 44um; National Optical Aastony Observatories 21mra; Novosti Press Agency 41ur;

David Parker 67gom; Ludek Pesek 34ml; Detlev Van Ravenswaay 38ml; Royal Observatory, Edinburgh / AAO 46–47; Rev. Ronald Royer 20–21go; John Sanford 16ul, 42mru; Robin Scagell 52ur; Jerry Schad 65gol; Dan Schechter 14ml; Dr Seth Shostak 63gol; Eckhard Slawik 64gor; Joe Tucciarone 54–55m. Babak A. Tafreshi: 65ur.

Poster: DK Images: Anglo-Australian Observatory, photography by David Malin mgro; London Planetarium mro (Mars), mro (Venus); Rough Guides gol; NASA: ur (Chandra), mro (Erde), mru (Sternhaufen); Finley Holiday Films ul; MSFC mgru; Science Photo Library: Mark Garlick ml; NASA mlo; Friedrich Saurer m; Detlev Van Ravenswaay mlu.

Cover: *Vorn:* Corbis: Stocktrek Images u. Dorling Kindersley: NASA gogr; The Science Museum, London mogl. Science Photo Library: mogr. *Hinten:* Dorling Kindersley: NASA u; National Maritime Museum, London gor; Natural History Museum, London mr. Getty Images: Science Faction / Tony Hallas mgr.

Alle anderen Abbildungen © Dorling Kindersley

Weitere Informationen unter www.dkimages.com

Weitere Themen in dieser Reihe:
(Bandnummer in Klammern)